# RICEVI ORA IL TUO BONUS:

Scrivici a **sbrt.notebooks@gmail.com** e ricevi altri sudoku (incluso Jigsaw Sudoku, X-Sudoku e molto altro).

La tua opinione è importante:

**Supportaci e lascia una recensione!**

# Altri Divertenti Sudoku

## by *SBRT* Notebooks

- Sudoku -Livello Facile- **by SBRT**

- Sudoku -Livello Medio- **by SBRT**

- Sudoku -Livello Difficile- **by SBRT**

- Sudoku -Livello Estremo- **by SBRT**

- Samurai Sudoku **by SBRT**

E molto altro ancora!!

# Regole del Sudoku

Ogni Sudoku Classico consiste in una griglia 9x9.

Inserisci i numeri da 1 a 9 in riga, Colonna e quadrato 3x3.

Solo una semplice regola:

Ogni numero non può essere ripetuto nella stessa riga, colonna o quadrato 3x3.

## Buon Divertimento!

## #1

| | | | | | | | | |
|---|---|---|---|---|---|---|---|---|
| 8 | | 7 | | 3 | | 6 | | |
| 2 | | | | | 1 | | | |
| 3 | | | 7 | | | | | |
| | | | | | 7 | | | |
| | | | 6 | 1 | 5 | 8 | | |
| | | | 9 | 2 | | | | 3 |
| 1 | 9 | | | | | 4 | | |
| 4 | 5 | 2 | 1 | 8 | | 3 | 6 | |
| | | | | | | | | 2 |

## #2

| | | | | | | | | |
|---|---|---|---|---|---|---|---|---|
| | | | | | 6 | | | |
| 6 | | | | | 1 | 3 | | 4 |
| | 5 | | 3 | | | | | 1 |
| | 7 | | | | | | | |
| | 6 | | 5 | | | | 4 | 7 |
| | | 2 | | | 8 | | | |
| | 9 | 7 | 6 | | 2 | | | |
| | | 5 | 4 | 8 | | | 2 | 6 |
| | 4 | 6 | | | | | | |

## #3

| | | | | | | | | |
|---|---|---|---|---|---|---|---|---|
| | 6 | | | 2 | | 8 | | |
| | | | | | | | | 3 |
| | | | 4 | 5 | | 2 | | 7 |
| | | | | 4 | | | | 8 |
| 6 | 1 | | | | 9 | 5 | | 2 |
| 9 | | 7 | | | | 3 | | |
| | 7 | | | | | | 8 | 6 |
| | | 5 | | 1 | | | | |
| 3 | | | | | | | | |

## #4

| | | | | | | | | |
|---|---|---|---|---|---|---|---|---|
| 2 | 1 | 3 | 8 | 5 | | | | |
| | | | | | 9 | | | 5 |
| | | 4 | | 2 | | | 8 | |
| | | | | | | | 1 | 4 |
| 9 | 2 | | 7 | | | | | |
| 7 | | | | 8 | | 9 | | |
| | 5 | 9 | 1 | | | | | |
| | 6 | 8 | | | | | | 7 |
| | | | | 3 | | 1 | 9 | 8 |

## #5

| | | | | | | | | |
|---|---|---|---|---|---|---|---|---|
| | 2 | 3 | | | | 1 | | |
| | 1 | | | 2 | | | | 7 |
| 7 | | | 9 | | 5 | 8 | | |
| | | | | | | | | |
| | | | | 6 | | 7 | | 1 |
| 3 | 9 | | | 7 | | | | |
| | 4 | 6 | | | | | | |
| | | | | | 8 | | | 3 |
| | | | 4 | | | | 2 | 6 |

## #6

| | | | | | | | | |
|---|---|---|---|---|---|---|---|---|
| 9 | | | | 5 | | | | 6 |
| | 1 | 6 | 9 | | | 4 | | |
| | | | 3 | 4 | 6 | | | |
| | | | | | | | | |
| | 9 | 2 | 8 | | | | | |
| | | | 2 | | 1 | 9 | 6 | |
| 5 | 2 | | 6 | | | | 4 | 3 |
| 1 | 8 | 9 | | | | | 5 | |
| | | | | | | 2 | 8 | |

## #7

| | | | | | | | | |
|---|---|---|---|---|---|---|---|---|
| | | | | 2 | | 7 | | |
| | | 1 | 3 | 7 | 8 | 2 | | 4 |
| 8 | 7 | | | | | | | 6 |
| 2 | | | 1 | | 9 | | | |
| | 1 | 3 | | | | 8 | 6 | |
| 9 | | | | | | | 4 | |
| | | 5 | | | 2 | | 1 | |
| | | | | | | | 3 | |
| 3 | | | 8 | | | 4 | | 7 |

## #8

| | | | | | | | | |
|---|---|---|---|---|---|---|---|---|
| 2 | 5 | | 3 | | | | | |
| | | 8 | | | 2 | 3 | | |
| | 3 | | 1 | | | 9 | | |
| | | 7 | | 6 | 9 | | | 1 |
| 4 | | | | | | | | |
| | | | 4 | 1 | 7 | | | |
| | | | | | 1 | 5 | | |
| 5 | 4 | | | 7 | | | | 8 |
| | 6 | 1 | | | | | | 7 |

## #9

| | | | | | | | | |
|---|---|---|---|---|---|---|---|---|
| | 6 | | 4 | | | | | |
| | 9 | | 6 | | 3 | 5 | | 7 |
| | 7 | 3 | | 5 | 9 | | | |
| | | 7 | 3 | 1 | | | 9 | 2 |
| 1 | | | | | | | | |
| | | | | | 7 | | | 6 |
| | | | | | | | | |
| | | | 9 | | 6 | | 5 | 3 |
| | 8 | 4 | | | | | 1 | |

## #10

| | | | | | | | | |
|---|---|---|---|---|---|---|---|---|
| | | | 8 | | | | 5 | |
| | 1 | 5 | | 3 | 4 | | | |
| | | 8 | | 6 | 9 | 2 | 1 | |
| | | | | | 6 | 3 | | |
| | 6 | 2 | | | 8 | | | |
| | | | | | | | 8 | 9 |
| | | 1 | 7 | | 5 | | 3 | 8 |
| 3 | 5 | | | | | | | |
| | | | | | | | 2 | 5 |

## #11

| | | | | | | | | |
|---|---|---|---|---|---|---|---|---|
| | | | 5 | | 9 | 3 | | |
| 9 | | 3 | | | 7 | | | |
| | | | | | | | 6 | |
| 3 | | 8 | | | | | 9 | 2 |
| | | | | 1 | | | | 8 |
| | | 6 | 2 | 9 | | | 3 | 5 |
| 7 | | 9 | 8 | | 3 | 2 | | 4 |
| 4 | | 1 | | | | | | |
| | | | 7 | 4 | | | | |

## #12

| | | | | | | | | |
|---|---|---|---|---|---|---|---|---|
| | 9 | 7 | | 3 | | | | |
| | | | | 7 | | | | 9 |
| | | | 8 | | | 6 | | |
| | 3 | | 2 | | | | 4 | 5 |
| | | 5 | 9 | | | | | |
| | | 6 | | | 5 | 8 | | |
| | 8 | | | 2 | | | | 6 |
| | | | 3 | 8 | 1 | | 2 | |
| | | | | | | 1 | | 4 |

## #13

| | | | | | | | | |
|---|---|---|---|---|---|---|---|---|
| | | 7 | | 3 | | | | |
| | | | | 5 | | | 4 | 2 |
| 6 | | | | | 1 | | 7 | 8 |
| 2 | 5 | | | | 6 | | | |
| 7 | | 1 | 2 | 8 | | 4 | 9 | |
| | 6 | 8 | 9 | | | 5 | | |
| | | | | | | 7 | | |
| | | | | | | | 6 | 4 |
| | | | 8 | | | | | 9 |

## #14

| | | | | | | | | |
|---|---|---|---|---|---|---|---|---|
| | | | | | | 4 | 1 | 5 |
| 4 | | | 8 | | 2 | 7 | | 9 |
| | | | | | | | | |
| | | | | | | | | |
| | 1 | | 3 | | 6 | | 7 | |
| 2 | | 8 | 1 | 5 | 4 | | 9 | 6 |
| | 4 | | | | | | | |
| 6 | | 7 | | | 5 | 8 | 4 | |
| 8 | | 3 | | | | | | 2 |

## #15

| | | | | | | | | |
|---|---|---|---|---|---|---|---|---|
| | 1 | | | | | | | |
| | | | | 2 | | | | 9 |
| | | 8 | 7 | 3 | 1 | 5 | | |
| | | | 2 | | 6 | | | |
| | | 9 | | 7 | | | 8 | |
| | | | 8 | | | 6 | 7 | 5 |
| | 3 | | | 8 | | | 1 | 2 |
| | | | 3 | 4 | 2 | | 5 | 8 |
| 8 | | | | | | 9 | | |

## #16

| | | | | | | | | |
|---|---|---|---|---|---|---|---|---|
| | | 8 | 4 | 5 | 9 | | | |
| | | | 1 | | | | 4 | |
| | | | 6 | 2 | 7 | | 3 | |
| 7 | | 9 | | 6 | 5 | 2 | | |
| | | | | | | 6 | | |
| | 8 | | | | | | | 5 |
| | | 7 | | 8 | | 4 | | |
| | | | | | 4 | 1 | 7 | |
| 9 | | 4 | | 7 | 6 | | | 3 |

## #17

| | | | | | | | | |
|---|---|---|---|---|---|---|---|---|
| | | | 5 | | | | | |
| | | | | 4 | | | 1 | |
| 5 | | | 1 | 2 | 6 | | | 3 |
| | | | 2 | 1 | | | | 7 |
| | 3 | | | | | | | |
| | | 7 | | | | | 8 | |
| | 7 | 1 | | | | | 3 | 2 |
| | | 6 | | | | 8 | | |
| 3 | 4 | | | 5 | | | 7 | 9 |

## #18

| | | | | | | | | |
|---|---|---|---|---|---|---|---|---|
| | | 8 | 9 | 6 | | | 4 | 3 |
| | | 3 | | | | | | 7 |
| | | 9 | | 1 | | 5 | | |
| | | | | | | | | |
| 4 | 6 | | | 9 | | 3 | 2 | |
| 3 | 1 | | | 4 | | 6 | | |
| | | | | | | | | |
| | | | 2 | | 9 | | | |
| | 5 | 1 | 7 | 8 | | | | 6 |

## #19

| | | | | | | | | |
|---|---|---|---|---|---|---|---|---|
| | 2 | 9 | | | | 6 | | 1 |
| 6 | 3 | | | | | 4 | 8 | |
| 8 | | | 4 | 6 | | 2 | 9 | |
| | | 6 | | | | 9 | | |
| | | | | 2 | 8 | 1 | | |
| | | | 7 | | | | | |
| | | 3 | | | | | 1 | 6 |
| | | | 6 | 1 | 9 | | | |
| 7 | | | 3 | 5 | | | | |

## #20

| | | | | | | | | |
|---|---|---|---|---|---|---|---|---|
| | | 4 | | | 7 | | | 1 |
| | | | | | 6 | | 2 | 3 |
| 1 | | | 9 | | | | | |
| | 7 | | | 1 | | | | |
| | 5 | | | 3 | 8 | | | 9 |
| | 4 | | 6 | | | 1 | 8 | |
| 6 | | | | 5 | | 7 | 4 | |
| | | | | | | | | |
| | | | | | 4 | | 5 | |

## #21

| | | | | | | | | |
|---|---|---|---|---|---|---|---|---|
| | | 2 | 9 | 5 | 4 | 7 | | |
| | | | 8 | 3 | | 2 | | |
| | | | 1 | | | | | 6 |
| | 8 | | | | | | 2 | |
| | 5 | 9 | | | | 4 | 1 | |
| 1 | | | | 4 | 2 | | | |
| 8 | | | | | | | | |
| 3 | 7 | 6 | 4 | | | | | |
| | | | | 8 | | | | 3 |

## #22

| | | | | | | | | |
|---|---|---|---|---|---|---|---|---|
| | 7 | | 4 | 9 | | | | 8 |
| | | | | 5 | | | | 4 |
| 8 | | | | | | 1 | 6 | |
| | 8 | 4 | 6 | | | | | 2 |
| 3 | 5 | | | | | | | |
| | | 6 | | | | | 3 | 7 |
| 7 | 2 | | 3 | | 4 | | | |
| | | | 2 | | | | | |
| | | 5 | | 6 | | | | |

## #23

| | | | | | | | | |
|---|---|---|---|---|---|---|---|---|
| | | 1 | 5 | 7 | | | | |
| | | | | | 8 | 5 | 3 | |
| | 7 | 8 | | | | | | |
| | | | | | | | | |
| | | | | 9 | | 1 | 6 | 3 |
| | 4 | 6 | | 5 | 1 | | | |
| | 1 | | | | | | | 8 |
| | | 2 | 4 | 6 | | | | |
| | | 5 | | 1 | | | 7 | 9 |

## #24

| | | | | | | | | |
|---|---|---|---|---|---|---|---|---|
| | | | | | | | | 9 |
| | 2 | 3 | | | | | 7 | |
| | | | 6 | | | | | |
| | 6 | | | 2 | | | 1 | |
| | | 9 | | 5 | 1 | 2 | | |
| | 5 | | 3 | | | | | |
| 5 | | 1 | 8 | 7 | | | | |
| | | | | | 5 | 1 | 8 | |
| | | | 9 | | 4 | | | 7 |

## #25

| | | | | | | | | |
|---|---|---|---|---|---|---|---|---|
| 6 | 8 | | | 9 | 7 | | | 1 |
| | 7 | 1 | 6 | | 5 | | | |
| 9 | | | 1 | 3 | | 8 | | |
| 8 | 9 | 4 | | | | | | |
| | | | | | | | 2 | |
| | | | | | | 6 | | 7 |
| | 5 | | | | | 1 | 9 | 4 |
| 7 | | | | | | | | |
| | 1 | | | 5 | | | | 3 |

## #26

| | | | | | | | | |
|---|---|---|---|---|---|---|---|---|
| 9 | | | 4 | | | | | |
| | | 1 | | 9 | 7 | 3 | | 5 |
| | 8 | | | | | | 9 | 4 |
| 2 | 9 | | | | | | | |
| | 6 | 4 | | | | | | 3 |
| | 5 | | 6 | 7 | | | 2 | |
| | | | | | 6 | | | |
| | | | | | 1 | 5 | 8 | |
| | | 6 | | | 8 | 1 | 4 | 9 |

## #27

| | | | | | | | | |
|---|---|---|---|---|---|---|---|---|
| 1 | | | 6 | | | | | 7 |
| 7 | 2 | 5 | 9 | | 8 | | 3 | 6 |
| | 9 | 3 | 4 | | | | | |
| | | | | | 4 | | | |
| | | | | | | | | 8 |
| 4 | 3 | | | | 2 | 6 | 7 | |
| | | | | | 5 | | | |
| 2 | | 1 | | 8 | | | | |
| | | | 2 | 4 | 9 | | 8 | |

## #28

| | | | | | | | | |
|---|---|---|---|---|---|---|---|---|
| 5 | | | 7 | | 6 | | | |
| | | | 1 | 3 | | | 5 | 9 |
| | | 2 | | 9 | | | | |
| | 1 | 9 | 4 | | | 3 | | 7 |
| 7 | 2 | | | | | 4 | | |
| | | 5 | | | | | | |
| | | | | | | | 9 | |
| 2 | 8 | | | | 3 | | | |
| 9 | | | 5 | | 4 | | 6 | 2 |

## #29

| | | | | | | | | |
|---|---|---|---|---|---|---|---|---|
| | 7 | | | | | | 4 | |
| | | | 7 | | | 2 | 9 | 3 |
| | 3 | | | 9 | 8 | | 5 | |
| | | 8 | | | 7 | 3 | 1 | 2 |
| 5 | | | | | | | | |
| | | | | 2 | 4 | | 8 | |
| 3 | 4 | 1 | | | | | | |
| | | | | 8 | | 4 | | |
| | | | 5 | | 3 | | | 6 |

## #30

| | | | | | | | | |
|---|---|---|---|---|---|---|---|---|
| 7 | | | 1 | 2 | | | 4 | |
| 3 | | | | | | | | |
| | | 8 | 9 | | 5 | 7 | | 6 |
| | | | 3 | | | 2 | 5 | |
| 5 | | | | 4 | 2 | 3 | | |
| | | | | 6 | 1 | 8 | 7 | |
| | | | | | | | | |
| | 2 | 1 | | | 4 | | | |
| | | 6 | | | | 4 | 1 | 2 |

## #31

| | | | | | | | | |
|---|---|---|---|---|---|---|---|---|
| | | 4 | | 2 | | | | |
| | | | | 8 | | | | |
| | 7 | | | | 9 | 4 | | |
| | | | | | 3 | 2 | | 5 |
| | 1 | | | | | | | 9 |
| 5 | | 9 | | | | 3 | 1 | |
| | 5 | 3 | | | | 1 | 8 | 4 |
| 7 | | 8 | 1 | | 2 | 9 | | |
| 4 | | | | | | 7 | 2 | 6 |

## #32

| | | | | | | | | |
|---|---|---|---|---|---|---|---|---|
| 4 | | 2 | | | 5 | | | |
| | 5 | | 2 | 8 | 6 | 7 | 3 | |
| | | | | | | | | |
| | | | | | 3 | | | 6 |
| | 4 | | | | 7 | | 1 | 8 |
| 5 | | | 4 | 2 | 1 | 3 | | |
| 2 | | | | 7 | | | | |
| | | | 9 | 6 | | 1 | | 3 |
| | | | | | 8 | | | 7 |

## #33

| | | | | | | | | |
|---|---|---|---|---|---|---|---|---|
| | | | | | | | | |
| | | 1 | | | | | 8 | |
| 4 | 5 | 8 | 6 | 1 | | 2 | | |
| | 9 | | | 5 | | | | |
| | 4 | | 7 | | 9 | | 1 | 8 |
| | | | | 3 | | | 7 | |
| | 6 | 7 | | | 3 | 4 | | |
| | | | | | | | | 9 |
| 1 | 3 | 9 | 4 | | | | | 7 |

## #34

| | | | | | | | | |
|---|---|---|---|---|---|---|---|---|
| 7 | 2 | | | | 1 | | 5 | |
| | | 1 | | 4 | 5 | 8 | | 7 |
| 9 | | | | | | | | |
| | | | | | | 7 | | 3 |
| | | 4 | 8 | 5 | | | 9 | |
| | | | | 7 | 3 | | | |
| | | | 6 | 1 | | | | |
| | 5 | | | | 2 | | | |
| | | | | 3 | | 2 | 7 | 4 |

## #35

| | | | | | | | | |
|---|---|---|---|---|---|---|---|---|
| 8 | | 6 | 7 | 1 | | | | |
| | | 7 | | 6 | 2 | 5 | 8 | |
| 4 | 2 | | | | | | | 6 |
| | | | 3 | 8 | | | | |
| | | | | | | 6 | | |
| | | | | 5 | 9 | | | 7 |
| | | | | | | | | |
| | | | | | 7 | 4 | 3 | |
| | 9 | | | | 6 | 2 | | 8 |

## #36

| | | | | | | | | |
|---|---|---|---|---|---|---|---|---|
| | 6 | | 4 | | | | 8 | |
| | 3 | 8 | | | 2 | 6 | | |
| | | | | | | | 1 | 5 |
| | 7 | | | 2 | 4 | | | |
| 9 | | | | 6 | | | | |
| | | | 5 | 1 | | | | |
| | 9 | 5 | 3 | 7 | | | | |
| | | 7 | 2 | | 9 | | 4 | 6 |
| 6 | | 2 | | | | | | |

## #37

| | | | | | | | | |
|---|---|---|---|---|---|---|---|---|
| | 9 | | | | 7 | 1 | 4 | 6 |
| 4 | 7 | 8 | | | | | | |
| | | | | | 2 | | | |
| 5 | | 1 | | | | | | |
| | | | 1 | 6 | | | | |
| | | | | | | | | 9 |
| | | 5 | | | | | | |
| | 1 | 2 | 4 | | | | 7 | |
| 6 | | | 7 | 8 | | 9 | | 5 |

## #38

| | | | | | | | | |
|---|---|---|---|---|---|---|---|---|
| | | 6 | | | | | | |
| 7 | | | | | | | | 4 |
| | | | 9 | | | 2 | 5 | 7 |
| 4 | | 7 | | | | 9 | 8 | |
| | | 8 | 4 | 7 | | | | 3 |
| | | 9 | 1 | | | | | 2 |
| 1 | | | 5 | 6 | | 4 | | 8 |
| 6 | | | | | | | | |
| | 8 | 4 | | | | | 1 | |

## #39

| | | | | | | | | |
|---|---|---|---|---|---|---|---|---|
| | | | 7 | | | 1 | | |
| | | 6 | 2 | | 1 | 9 | | |
| 3 | | 2 | | 5 | | | | |
| | | | | | 7 | | 8 | |
| 9 | | | 1 | | 4 | | | |
| 5 | | | 9 | 3 | | | | |
| | | | | | | 3 | | |
| | | 9 | 4 | | | | | 5 |
| | | | | | 6 | | | 7 |

## #40

| | | | | | | | | |
|---|---|---|---|---|---|---|---|---|
| 9 | | | 3 | 4 | | 6 | 7 | |
| 1 | | | | | | | | |
| | | | 5 | | | | | |
| | 6 | | | | 7 | | 3 | |
| | | | 9 | | | | | |
| | 3 | 2 | | 8 | | 7 | 9 | |
| | 8 | 6 | | | | | | |
| | | | 7 | 3 | | | 8 | |
| | | | | | | 4 | 2 | 6 |

## #41

| | | | | | | | | |
|---|---|---|---|---|---|---|---|---|
| | | 6 | | 7 | | | 2 | |
| | | 1 | | 5 | 8 | | | 6 |
| | 7 | 8 | 9 | | 3 | | 5 | |
| | 8 | 5 | 6 | | 4 | | | 9 |
| | 3 | | | | | | 1 | 5 |
| | | | | | | | | |
| | 1 | | 8 | 3 | | | | |
| | | | 5 | | 9 | 6 | | |
| | | | | | | | | |

## #42

| | | | | | | | | |
|---|---|---|---|---|---|---|---|---|
| | 3 | 9 | | | | | | |
| | 1 | | | | | | | |
| 4 | | | | 6 | 8 | 7 | | |
| | | | 6 | | | 8 | | 7 |
| | | | | | | 9 | | |
| | | 3 | 5 | 1 | | | 6 | 2 |
| 9 | 5 | | | 7 | 6 | 2 | | |
| | | 6 | | | 9 | | 7 | 4 |
| | | | | 4 | | | | 6 |

# #43

| | | | | | | | | |
|---|---|---|---|---|---|---|---|---|
| | | 1 | | | | | | |
| | 8 | 2 | | 7 | 6 | | | |
| | 3 | | | | | 8 | | 5 |
| | | 7 | 5 | | | | | |
| | | | | | | | | 1 |
| | | | 9 | 1 | 7 | | 6 | 8 |
| | | | | | | | | |
| 6 | | | 1 | | 8 | 3 | | 4 |
| 3 | 9 | | | 6 | | | 1 | |

# #44

| | | | | | | | | |
|---|---|---|---|---|---|---|---|---|
| 9 | 7 | | 5 | 8 | | | 3 | 6 |
| | | | | 4 | | | | |
| | | | | 6 | 3 | | 9 | |
| | 2 | 5 | | | | | 8 | |
| | | | | 1 | 9 | | 7 | |
| 1 | 3 | | | | | | | |
| 8 | | | | | | | | |
| | | 2 | 3 | | | | 5 | |
| | 5 | 7 | | 9 | | | | 1 |

# #45

| | | | | | | | | |
|---|---|---|---|---|---|---|---|---|
| | | | | | 2 | | 9 | |
| 9 | | 4 | | | | 5 | | |
| | | | | 9 | | 7 | 3 | 8 |
| 2 | | | | | | 4 | | 7 |
| | | | | | | | 6 | 2 |
| 4 | | | | | 6 | 8 | 5 | |
| | | | 1 | | | | | |
| | | 7 | | | 3 | | | 9 |
| | 3 | 6 | 7 | | 9 | 2 | 4 | 1 |

# #46

| | | | | | | | | |
|---|---|---|---|---|---|---|---|---|
| | 9 | | 5 | | | 6 | 1 | 7 |
| 6 | | | | | 7 | | | |
| | | | | | | 5 | | |
| 9 | | 6 | | | 2 | | 4 | |
| 5 | | 1 | | | | | | 3 |
| | 7 | 2 | 3 | | | | | |
| | | | | | 4 | 2 | 5 | |
| | | | 9 | 7 | 5 | | | 4 |
| 1 | | | | | | | | |

# #47

| | | | | | | | | |
|---|---|---|---|---|---|---|---|---|
| 2 | | | | | | | | 9 |
| | | 6 | 3 | 7 | 1 | 4 | 2 | 5 |
| | | | | | 2 | 1 | | |
| | 4 | | | | | | | |
| | | | | | | | | 3 |
| | | 8 | | | | | 6 | 1 |
| | 1 | | | | | | 5 | |
| 5 | | | 8 | | 9 | | | 4 |
| | | 7 | | 5 | 4 | 2 | | 8 |

# #48

| | | | | | | | | |
|---|---|---|---|---|---|---|---|---|
| | 8 | 6 | 2 | 4 | | 5 | 7 | |
| 5 | 7 | 9 | 6 | 3 | 8 | | | |
| | | | | | | | | |
| | | | | | 5 | 3 | | |
| | | | | | | | | 1 |
| 9 | 1 | | | | 4 | 8 | 6 | 5 |
| | | 4 | | | 6 | 1 | | |
| | 6 | 3 | | | | | | |
| | | | 8 | | | 4 | | |

## #49

| | | | | | | | | |
|---|---|---|---|---|---|---|---|---|
| 3 | | | 2 | 6 | 1 | | | 5 |
| | 7 | | | | 9 | | 4 | |
| | | 5 | | | | 3 | | |
| | 6 | | 9 | 5 | | | | |
| | | 4 | | | | | | |
| 5 | | 3 | | | 4 | 1 | | 8 |
| | | | | 9 | | | | 1 |
| | | 6 | 3 | | | 7 | | |
| | | | | | | | 6 | 4 |

## #50

| | | | | | | | | |
|---|---|---|---|---|---|---|---|---|
| 5 | | 6 | 3 | | | | | 8 |
| | | | | | | 2 | | 3 |
| 7 | | | 1 | | | | | |
| | | | | | 9 | | 6 | 7 |
| 6 | | 7 | | 5 | | | | 1 |
| 1 | | | | | | 4 | 8 | |
| | 7 | | | | | | | |
| | | | 5 | | | | 4 | 2 |
| | | | 2 | 3 | 1 | 8 | | 6 |

## #51

| | | | | | | | | |
|---|---|---|---|---|---|---|---|---|
| 2 | | 1 | | | 7 | | 4 | |
| 7 | 5 | 4 | | | | | | |
| | | | | 6 | | | | |
| | | 6 | 3 | 4 | | | 1 | |
| | | 7 | | | 1 | 9 | | |
| | | | | 7 | 9 | 5 | 2 | |
| | | | 8 | | 6 | 3 | | |
| 9 | | | | | | | 5 | |
| | | | | | | | | 7 |

## #52

| | | | | | | | | |
|---|---|---|---|---|---|---|---|---|
| | | 8 | 1 | 9 | | 6 | 3 | |
| | | 6 | | | | | | 1 |
| | | | | | | 7 | 8 | 5 |
| 7 | | | 2 | 6 | | 3 | | |
| | | 5 | | | 9 | | | |
| 8 | | | | | | | 5 | |
| | | | | | | 8 | 1 | 7 |
| 2 | | 1 | | 5 | | | | |
| | | | 6 | 3 | | | | |

## #53

| | | | | | | | | |
|---|---|---|---|---|---|---|---|---|
| | | 5 | | | | | 6 | |
| | | | | 6 | | | | 9 |
| | 9 | 3 | | | 2 | | 5 | 4 |
| | | 2 | 9 | 4 | | | | |
| | | | | | | | | 7 |
| | | | | | 6 | 9 | 2 | 5 |
| | 6 | | 3 | 5 | 9 | 8 | 4 | |
| | | | | | | | | |
| 1 | 8 | | | | | | | 2 |

## #54

| | | | | | | | | |
|---|---|---|---|---|---|---|---|---|
| | | 5 | | | | | | |
| | | | 2 | | 3 | | 9 | 4 |
| | 6 | | | | 7 | 5 | 1 | |
| 7 | 3 | | | 2 | | | | |
| 5 | | | 1 | 4 | 8 | | 3 | |
| | | | | | | | | |
| 3 | | | | | | | | |
| | 8 | 6 | | | | | | |
| | | | | 3 | 2 | 1 | 8 | 5 |

## #55

| | | | | | | | | |
|---|---|---|---|---|---|---|---|---|
| 4 | | | | | | | | |
| | | | | 5 | | | | 1 |
| | | | 2 | | 3 | | | |
| | 3 | 9 | 8 | | | | | |
| | | | | | 7 | 9 | 3 | 5 |
| 5 | 1 | | | 9 | 2 | 8 | 6 | |
| 6 | | | | | | 4 | 7 | |
| 8 | 2 | 5 | | | | | | |
| | | | | | 9 | | | 6 |

## #56

| | | | | | | | | |
|---|---|---|---|---|---|---|---|---|
| 2 | | | | | 5 | | | |
| | 1 | 4 | 3 | | | 6 | | |
| | | | | 6 | | 2 | | |
| | | | | | | | | |
| 3 | | | | | | | | 9 |
| | 9 | | 1 | 4 | | 8 | 3 | 6 |
| 7 | | | | | | | 8 | 4 |
| | 4 | | 7 | | | | | |
| | | 9 | | | 3 | | 7 | 2 |

## #57

| | | | | | | | | |
|---|---|---|---|---|---|---|---|---|
| 2 | 9 | | | 4 | 7 | | | |
| | | | | | | | 9 | |
| 3 | 7 | | | | | | | 4 |
| 5 | | | | | | 3 | | |
| | | | | 2 | 6 | 5 | | 8 |
| | | 1 | | 7 | | | | |
| | | 9 | | 5 | | | 8 | 2 |
| 4 | 5 | | | 1 | | | | |
| 7 | 2 | | | 9 | | | | 5 |

## #58

| | | | | | | | | |
|---|---|---|---|---|---|---|---|---|
| | | | 4 | | 5 | | 2 | |
| | | | | 2 | 9 | 1 | | |
| | 1 | | | | | | | 7 |
| | 3 | | | | | | | |
| | 9 | | | | 2 | | | |
| | | | | | | 4 | 1 | 5 |
| 6 | | | | | 1 | 5 | 7 | |
| | 7 | | | | 3 | | | |
| | | 5 | | 9 | | 3 | 8 | 6 |

## #59

| | | | | | | | | |
|---|---|---|---|---|---|---|---|---|
| 9 | | | | | | 7 | | |
| | 1 | 7 | | | | | 2 | |
| | | | 8 | 3 | | | | |
| 6 | | | 4 | | 2 | | | |
| | 9 | | 1 | | 8 | | 5 | |
| 2 | | | | | | | 8 | |
| | | | | | | | 4 | 7 |
| | | | | | 9 | | | 2 |
| 3 | 2 | 4 | | | | | | 1 |

## #60

| | | | | | | | | |
|---|---|---|---|---|---|---|---|---|
| | 5 | | | | | | | |
| | | | | | | | | |
| | | | 1 | 4 | 8 | | | |
| | | | | | 6 | | 3 | 4 |
| | 3 | 4 | 5 | 9 | 7 | | 8 | |
| 7 | | | | | | 5 | | |
| | 4 | 3 | 2 | 7 | | 8 | | 6 |
| | 8 | | | 5 | 4 | 1 | 7 | |
| | | 9 | | | | 2 | | |

## #61

| | | | | | | | | |
|---|---|---|---|---|---|---|---|---|
| 8 | 3 | 1 | | | 6 | | | |
| 4 | | | 8 | | | 6 | | |
| | | 9 | 3 | | | | | |
| | | | | | | | | |
| | | 3 | 7 | 1 | 9 | | | |
| 2 | 5 | | | | | 7 | | |
| | | | | | | | 9 | |
| | | 5 | 9 | 7 | | | 2 | |
| | | | | 6 | 4 | | | 5 |

## #62

| | | | | | | | | |
|---|---|---|---|---|---|---|---|---|
| | | | | 9 | | | 6 | 1 |
| | | | | 3 | | | | |
| | 7 | 2 | 8 | | | 4 | | 3 |
| | 1 | | | | | | | |
| | | 4 | 2 | | 8 | 3 | | |
| | | 5 | | | | | | 8 |
| | | | | | 3 | | 5 | |
| 8 | | | | | | 6 | | |
| | | 1 | 7 | 8 | | | | |

## #63

| | | | | | | | | |
|---|---|---|---|---|---|---|---|---|
| 1 | | | | 5 | 7 | 9 | | 2 |
| 9 | | | | 4 | 1 | 5 | | |
| | 7 | | | 8 | 9 | | | 4 |
| 5 | 2 | 8 | | | 4 | 7 | | 3 |
| | | 6 | | | | | | |
| | | | | | | | | |
| | | | | | | | | |
| | | | | 1 | 3 | 8 | 4 | |
| 4 | 6 | 1 | | | 8 | | | 7 |

## #64

| | | | | | | | | |
|---|---|---|---|---|---|---|---|---|
| | | | | 1 | 6 | 8 | | |
| | | | 4 | | | | | |
| | | 9 | | 5 | | 4 | | 1 |
| | | 8 | | | | 5 | | 2 |
| | | | | | | | | |
| 7 | 4 | | 2 | 3 | | | | |
| | | | 3 | | | 1 | | |
| 8 | 3 | 1 | | 6 | 9 | | 4 | |
| | | | 5 | 4 | | 6 | | |

## #65

| | | | | | | | | |
|---|---|---|---|---|---|---|---|---|
| | | | | | | | 6 | |
| | | | 2 | | 3 | | 5 | |
| | | | | | | 8 | | 3 |
| 3 | | | 5 | 4 | | | | |
| 1 | | 7 | | | | | 9 | 4 |
| 8 | | | | | 9 | 7 | | |
| | 2 | | | | | 6 | | |
| | | 4 | | 8 | 6 | | | 1 |
| 9 | | | | | 5 | | | |

## #66

| | | | | | | | | |
|---|---|---|---|---|---|---|---|---|
| | | 5 | | 4 | | | | |
| 7 | | | | 5 | | | | |
| | 3 | | | | | | 1 | |
| | | 8 | | | | 4 | 7 | |
| | | | | 6 | 4 | | | 2 |
| 4 | | 6 | | | | | 3 | |
| 8 | | | | | | | | |
| | | | | 9 | 5 | 7 | 4 | |
| | 2 | | 8 | 7 | | 6 | 5 | 1 |

# #67

| | | | | | | | | |
|---|---|---|---|---|---|---|---|---|
| | | | | | | 4 | 7 | |
| | | | | | | | 6 | |
| | | 8 | 1 | | | | 5 | |
| 7 | | | | | 3 | | 1 | |
| 5 | 4 | | | | | | | |
| | | 2 | | 1 | | | | |
| | 8 | | 6 | | 4 | 7 | 3 | |
| 9 | 6 | | 8 | | | | | |
| | | | | | | | | 8 |

# #68

| | | | | | | | | |
|---|---|---|---|---|---|---|---|---|
| | 2 | | | | | | | |
| | | 4 | | | 2 | | 3 | 9 |
| | | 7 | | 5 | | | 4 | |
| | | 3 | | | | | | 1 |
| | 7 | 1 | | 8 | 5 | 6 | 9 | |
| 6 | | 5 | | 1 | 9 | | | 3 |
| | | | | | | | | |
| | | | 9 | 3 | 7 | 1 | 6 | |
| 5 | | | | | | | | |

# #69

| | | | | | | | | |
|---|---|---|---|---|---|---|---|---|
| 5 | | | | | | 3 | | |
| | | | | 1 | | 8 | 5 | 9 |
| | 7 | 9 | | | | 2 | | |
| 7 | | 6 | 2 | | 5 | 1 | | 3 |
| 9 | | | | 6 | | | | |
| | 3 | 5 | 7 | | | | | |
| | | | | | | | | 7 |
| | | 4 | 5 | | | 9 | | 2 |
| | | | | 9 | 2 | | 8 | 6 |

# #70

| | | | | | | | | |
|---|---|---|---|---|---|---|---|---|
| 9 | | | | | | | | 2 |
| | 7 | 2 | | | 6 | 8 | | 3 |
| 4 | | | | | | | | |
| | | | 8 | | 3 | 4 | | 1 |
| | | | | 1 | | 3 | 5 | 6 |
| | | | | | | | | |
| | | 3 | | 9 | 5 | 6 | | |
| | | 7 | 3 | 2 | | 1 | | |
| | | | | 6 | | | | 8 |

# #71

| | | | | | | | | |
|---|---|---|---|---|---|---|---|---|
| | | | | | | 4 | | |
| 1 | | | 9 | | 5 | | | |
| | | 8 | | 6 | 4 | 7 | | |
| 6 | | 2 | | 7 | | | 4 | |
| 4 | | 9 | | 5 | 1 | 8 | | |
| | 1 | | | | 3 | | | |
| | 9 | 3 | | | 2 | 1 | | 4 |
| 2 | | | | | | | | 5 |
| | | | | | | | | 3 |

# #72

| | | | | | | | | |
|---|---|---|---|---|---|---|---|---|
| | 5 | | 4 | | | | 7 | 9 |
| 1 | | | | | | 8 | | |
| | | | | 9 | 6 | | | 2 |
| | 7 | | | 3 | 4 | 9 | | |
| 3 | | | 8 | | 9 | 2 | | 4 |
| | | | | | | | | |
| | 4 | | | | | | | |
| 6 | 8 | | 9 | 4 | | | 3 | |
| | | | 5 | | | 4 | | 7 |

## #73

| | | | | | | | | |
|---|---|---|---|---|---|---|---|---|
| | 4 | | | | 2 | | 7 | 8 |
| | | | 1 | | | | | |
| | 9 | | | | | 1 | | 6 |
| 1 | 2 | | | | 9 | | | 7 |
| | 6 | | | | | | 2 | |
| | | | 2 | 4 | 6 | | | |
| 6 | | | | | | 7 | 9 | 3 |
| 8 | 5 | | | | 3 | | | |
| | | 2 | | 9 | | 8 | | 4 |

## #74

| | | | | | | | | |
|---|---|---|---|---|---|---|---|---|
| | | | | | 9 | | 7 | |
| | | | | | | | | |
| | | 3 | 5 | 4 | | 9 | | |
| 7 | | | | 9 | | | 8 | 2 |
| | 4 | | 8 | 7 | | 6 | 5 | 1 |
| | | | | | | | | 7 |
| | | | | | 1 | | 2 | |
| 3 | 8 | | | | | | | |
| | 6 | 4 | | | 7 | | | 9 |

## #75

| | | | | | | | | |
|---|---|---|---|---|---|---|---|---|
| 7 | | | | | | | 5 | |
| 3 | | | | 7 | | | 4 | 2 |
| 9 | | | 8 | | 4 | | | |
| | | | | | | 5 | 6 | |
| | 8 | | 3 | | | | | 4 |
| 4 | | | | | | | | |
| | | | | | | | 8 | 6 |
| | | 7 | | 5 | 2 | 3 | | |
| | 3 | | 6 | 1 | | | | |

## #76

| | | | | | | | | |
|---|---|---|---|---|---|---|---|---|
| | | | | | | | | |
| | | | | 4 | | 6 | 2 | |
| 9 | 7 | | 5 | 2 | | | 1 | |
| | | | | | | | | |
| 4 | 2 | | 1 | 9 | 6 | | | |
| 7 | | | | 5 | | | | 3 |
| | 8 | | | | 1 | | | |
| | | | 8 | | | 3 | | 9 |
| 5 | | | | | | | | |

## #77

| | | | | | | | | |
|---|---|---|---|---|---|---|---|---|
| 3 | | | | | | | | |
| | 1 | | | | | 3 | | |
| | 6 | 4 | | 8 | 9 | | | |
| | | | | | | | | |
| | 4 | 7 | | | | | 1 | |
| 1 | | 6 | | | 3 | 7 | 9 | |
| | | 8 | 5 | | | 6 | | |
| | | | 4 | | | | 8 | |
| | | | | | 1 | 2 | 3 | 7 |

## #78

| | | | | | | | | |
|---|---|---|---|---|---|---|---|---|
| | 9 | 3 | | 2 | | | 7 | |
| | | | | 3 | | | | |
| | | 7 | 9 | | | 2 | | 5 |
| 2 | 3 | 4 | 7 | | | | | 9 |
| 6 | | | | 8 | 3 | | | |
| | | | | | 4 | | 5 | |
| | 1 | | 8 | | 6 | | 9 | 2 |
| | | | | | | | | |
| | | | | | | | 6 | 8 |

## #79

| | | | | | | | | |
|---|---|---|---|---|---|---|---|---|
| 2 | | | | | 7 | | 4 | |
| | | | 4 | | | | | |
| 5 | 1 | 4 | | | | 8 | | 3 |
| 8 | | | 9 | 7 | | 3 | | |
| | 9 | 5 | | | | | | |
| | | | | | | | 2 | |
| | 6 | | | | 8 | 7 | 3 | 2 |
| 9 | | 7 | | 4 | | | | 6 |
| 3 | 5 | 2 | | | | | | |

## #80

| | | | | | | | | |
|---|---|---|---|---|---|---|---|---|
| | | | | | 6 | | | |
| | | | | | | | | 5 |
| | | 9 | | | 8 | 7 | 4 | |
| | 1 | | | | | 5 | 3 | 2 |
| | 5 | 4 | | 3 | | 9 | 8 | |
| | 8 | 6 | | 2 | 5 | | | |
| | | | 5 | 8 | 3 | | 1 | |
| 1 | 7 | 5 | | | | | | |
| | | | | | 9 | | | |

## #81

| | | | | | | | | |
|---|---|---|---|---|---|---|---|---|
| | | | | | | 1 | 9 | 2 |
| | 7 | | | | | | | |
| 3 | | | | | | | | 6 |
| 8 | | | 4 | 5 | | | | |
| | | 7 | | | 1 | | | |
| 2 | 1 | 4 | | | 8 | 3 | 5 | 9 |
| 9 | | | | | 3 | 6 | | 5 |
| | 6 | | | 4 | | | | |
| | 2 | | 9 | | | | 7 | |

## #82

| | | | | | | | | |
|---|---|---|---|---|---|---|---|---|
| 8 | | 5 | 1 | | | | | 6 |
| 3 | | | | | | 2 | | |
| | | | | 4 | | | 5 | 1 |
| | | | | | 9 | | 7 | 2 |
| | | 6 | 3 | 7 | 8 | 5 | | |
| | | | | | | | | |
| | | | 4 | | | 3 | | |
| | | | | | | 1 | 9 | |
| 4 | 8 | | | | 1 | | | |

## #83

| | | | | | | | | |
|---|---|---|---|---|---|---|---|---|
| 5 | | 1 | | | | | | 4 |
| | 9 | | | 7 | | 3 | | 1 |
| 3 | | | | | | | | |
| | 6 | 3 | 1 | 4 | | | | 9 |
| | | 8 | 2 | 5 | | | | |
| | | | | | 8 | 1 | | |
| | | | 9 | | 3 | | | |
| 6 | 5 | 2 | | | | | 7 | |
| 8 | 3 | | | | | | | |

## #84

| | | | | | | | | |
|---|---|---|---|---|---|---|---|---|
| | | | 3 | | | | 4 | |
| | 7 | 2 | | | 1 | | 9 | |
| 3 | 8 | | | 7 | | | | 1 |
| | 1 | | | | 3 | | | |
| 4 | 9 | | 1 | 6 | | | | 8 |
| | | 7 | | | | | | 5 |
| 8 | | | | | | 4 | | 9 |
| | | 1 | | | | | 2 | |
| | | | | | 2 | 5 | | 7 |

## #85

| | | | | | | | | 6 |
|---|---|---|---|---|---|---|---|---|
| 1 | | | | | 9 | | | 4 |
| | | | 3 | | | 5 | 8 | 9 |
| 2 | | 4 | | | | | 3 | |
| | | 7 | | | 5 | | | 8 |
| | | 3 | | 7 | 6 | | | |
| 6 | | | 1 | | 3 | | | |
| 5 | | | | | | | | |
| | | | 4 | 8 | | | | |

## #86

| 2 | | 1 | | 7 | 4 | | | 5 |
|---|---|---|---|---|---|---|---|---|
| | | | | | | | | |
| | | | 2 | 9 | | 8 | | |
| | | 5 | 7 | | 3 | 1 | | |
| | | | | 6 | | | | 7 |
| | | | 4 | | | 5 | | |
| | | 6 | | | 3 | 1 | | |
| 5 | | | | | | 4 | | |
| 1 | 4 | 7 | | | 6 | | | 9 |

## #87

| 7 | 2 | | | | | | 8 | |
|---|---|---|---|---|---|---|---|---|
| 8 | 3 | | 9 | 6 | | | 2 | 7 |
| | | 1 | | | | | | |
| | | | 1 | | | | | |
| | 1 | | 5 | | | 9 | | |
| | | | | | | 4 | | 8 |
| | | 4 | 2 | | | | | |
| 6 | 5 | 3 | | | | | | |
| | | | | | | 3 | 9 | 5 |

## #88

| | | 5 | | | | | | 8 |
|---|---|---|---|---|---|---|---|---|
| | 7 | | | | 3 | | | |
| | | | | 6 | 4 | 5 | | |
| | | | | 7 | | | | |
| | | | 9 | | | | 3 | |
| 7 | 4 | | 8 | | 1 | | | |
| | | | 7 | | | 1 | | |
| | 9 | | | 3 | | | | 5 |
| 2 | 3 | 4 | | 5 | | | 7 | 6 |

## #89

| | 8 | 2 | | | 4 | | 1 | |
|---|---|---|---|---|---|---|---|---|
| 1 | 6 | | | | | 4 | | 3 |
| | 9 | 5 | | | 2 | 8 | 6 | |
| | | | | 6 | 2 | | | |
| 5 | | | | | | | 9 | 6 |
| | 3 | 4 | | | | 5 | | |
| | 4 | | 6 | 9 | | 5 | | |
| | | | | | | | | |
| | | | 8 | | | 6 | 7 | 9 |

## #90

| 9 | 7 | | | 1 | 6 | | | 4 |
|---|---|---|---|---|---|---|---|---|
| | | | | | | | 5 | 1 |
| 2 | | | | 3 | 7 | 8 | | |
| | | | 9 | | | | | |
| 3 | 1 | | | | | | 2 | 5 |
| 4 | 5 | | | 1 | | | | |
| | | | 7 | | | | | |
| | | | 8 | | | | | |
| | | 3 | | | | 9 | | 6 |

## #91

| | | | | | | | | |
|---|---|---|---|---|---|---|---|---|
| | | | | | | | | |
| | | 8 | | 7 | | 4 | 2 | 9 |
| 4 | | | | | 3 | 6 | 1 | 7 |
| 5 | 8 | | 3 | | | 2 | | |
| | 3 | 1 | | 9 | 2 | | | |
| | | 9 | | | | 4 | | |
| | | | | | | 5 | | |
| | | | 6 | 9 | | | | |
| | | 5 | | | | 9 | | 8 |

## #92

| | | | | | | | | |
|---|---|---|---|---|---|---|---|---|
| | | | | | | | | 7 |
| | 5 | 8 | 6 | 9 | 2 | 4 | | |
| 4 | 9 | | | | 1 | | 6 | 8 |
| | 4 | | 2 | | 9 | | 5 | |
| | | 1 | | | | | 3 | 9 |
| 9 | | | | | | | | |
| | | | | 6 | | | | |
| | | | | | | | 7 | 5 |
| 5 | 3 | | 7 | 8 | | | | 6 |

## #93

| | | | | | | | | |
|---|---|---|---|---|---|---|---|---|
| 6 | 1 | 3 | | 7 | 2 | | 9 | |
| | | 8 | 6 | | | | | |
| | | | | | | | 6 | 1 |
| 5 | 2 | | | 1 | | | | 6 |
| | | | | | | | | |
| 1 | | | | 2 | | 7 | | |
| | 6 | 1 | 2 | | | 9 | | 8 |
| 3 | | | | | | | | |
| | | 2 | | 9 | | | 7 | 4 |

## #94

| | | | | | | | | |
|---|---|---|---|---|---|---|---|---|
| | 2 | | | 9 | | 8 | 3 | |
| 5 | | | | | | 2 | 1 | |
| 4 | | 6 | 3 | 2 | | | | |
| | | | | 1 | | | | 5 |
| 3 | | 5 | | | | | | |
| | | | | 4 | | 9 | 6 | 2 |
| | | | 8 | 5 | 1 | 7 | | |
| 9 | | | | | | | | |
| | 1 | | | | | | | 6 |

## #95

| | | | | | | | | |
|---|---|---|---|---|---|---|---|---|
| 3 | 5 | | | | | | | 4 |
| 9 | 7 | | | | | | | |
| | | | | | | | 6 | 5 |
| 7 | | 3 | | 9 | 8 | 4 | | |
| | | | | | | | | |
| 4 | 8 | | | 6 | 7 | | 1 | 9 |
| 8 | 9 | | 6 | 2 | | 1 | 4 | 7 |
| | | 4 | | | | | | |
| | | | | | | | 9 | 8 |

## #96

| | | | | | | | | |
|---|---|---|---|---|---|---|---|---|
| | | | | 9 | | | | |
| | | 7 | | 4 | | 3 | | |
| 9 | | 1 | | | | 5 | | |
| | 5 | | 6 | | | | | |
| | 6 | | 7 | | | | | 2 |
| | 1 | | | 3 | 6 | 9 | | |
| 5 | | | | | | 4 | | |
| 6 | 8 | | | | | | | 7 |
| 4 | | | | | | | 1 | 3 |

## #97

| | | | | | | | | |
|---|---|---|---|---|---|---|---|---|
| 8 | | | 9 | 3 | | | | |
| 4 | | | | | | | 1 | |
| | | 9 | 6 | | | | 4 | |
| 9 | 7 | | 2 | | 8 | | 5 | 6 |
| | 8 | 4 | 7 | | | 3 | | |
| 5 | | | | | 3 | | | |
| | | | | | | | 6 | |
| | | | | | | 2 | | 4 |
| 3 | 4 | | | | | 8 | 7 | 5 |

## #98

| | | | | | | | | |
|---|---|---|---|---|---|---|---|---|
| 5 | | | 4 | | | | | 8 |
| 8 | | | 6 | 1 | | | | |
| | 7 | 2 | | | 5 | | | |
| | | | | | | 6 | | |
| | 2 | 3 | | | | | | 4 |
| 6 | | 9 | | | | | 5 | 1 |
| | | | 5 | | | | 2 | |
| | | | 3 | 9 | 2 | 7 | | |
| | | | | | | | | |

## #99

| | | | | | | | | |
|---|---|---|---|---|---|---|---|---|
| | | | | | | | 9 | |
| 8 | | 2 | | | | | | 1 |
| | 3 | 5 | 9 | 2 | 8 | | | |
| 6 | | | | | | | 7 | |
| | | | | | 1 | | | |
| | | 1 | 2 | | | 8 | | 5 |
| | | | | | | | | 9 |
| 9 | | | 1 | 3 | 2 | 6 | | 4 |
| | 6 | 3 | | 4 | | | | |

## #100

| | | | | | | | | |
|---|---|---|---|---|---|---|---|---|
| | | 9 | 7 | | | | | |
| | | | | | 5 | | 6 | |
| 6 | | | | 1 | | 3 | 9 | |
| | | 6 | | | 3 | | | |
| | | 5 | 8 | | | | | |
| | 7 | | 2 | | 6 | 8 | | |
| 3 | 8 | | | | | 6 | | |
| | | | | | | | | 1 |
| 1 | | | | | | 7 | 5 | |

## #101

| | | | | | | | | |
|---|---|---|---|---|---|---|---|---|
| | 4 | | | | | | | |
| 3 | 2 | 8 | 5 | | | 1 | | |
| 7 | | | | | 9 | 6 | 3 | 4 |
| 8 | | | | | 2 | | | |
| | | | | 8 | 7 | | 5 | |
| | 7 | | 9 | | | 8 | 4 | |
| | | | 4 | | | | | |
| 1 | | 9 | 7 | | | | | |
| | | | | | | | 8 | 1 |

## #102

| | | | | | | | | |
|---|---|---|---|---|---|---|---|---|
| 5 | | | | | 6 | 2 | | |
| | | | | | | 8 | | |
| | | | 5 | 4 | | 9 | | |
| | 2 | | 9 | 7 | 5 | | | |
| 8 | | 5 | | | | 1 | | |
| | | | 1 | | | | | |
| | | | | | 8 | 6 | | 9 |
| 2 | 3 | | | | | | 7 | |
| 9 | | 6 | 3 | 5 | | | 8 | 2 |

## #103

| | | 5 | | | | 4 | | |
|---|---|---|---|---|---|---|---|---|
| 8 | 2 | 4 | 5 | 6 | 9 | | | |
| | | 8 | 4 | | | 3 | 6 | |
| 6 | | 2 | | 7 | 5 | | | |
| | | | | | | 2 | | 9 |
| | | 6 | 2 | | | 5 | | |
| | | | | 9 | | | | 3 |
| | 3 | 1 | 6 | | | | | |
| | | | | | | | | |

## #104

| 3 | | | | | | | | |
|---|---|---|---|---|---|---|---|---|
| | | | | | | | | 9 |
| | | 4 | | 1 | 9 | 8 | 6 | |
| | 5 | 7 | 4 | 9 | | 2 | | |
| | | 2 | 1 | 7 | 6 | 4 | | |
| 4 | | 6 | 3 | 5 | | | | 1 |
| | | 1 | | | 4 | | 8 | |
| | | | 7 | 8 | | | | |
| | | | | | 3 | | | |

## #105

| | 4 | | | 7 | | 3 | 9 | 5 |
|---|---|---|---|---|---|---|---|---|
| 5 | | | | | 3 | 4 | 2 | 6 |
| | | | | | | | | |
| | | 5 | | | 9 | 6 | | |
| | | | | 6 | 5 | 2 | | |
| 4 | 2 | | | | | 1 | | 9 |
| | | | | | 6 | 5 | 1 | |
| | | | 9 | 1 | | 7 | | 2 |
| 8 | | | | 2 | | | | |

## #106

| | | 5 | | | | | 8 | |
|---|---|---|---|---|---|---|---|---|
| 7 | | | | | 2 | | | |
| | | 2 | 9 | | 4 | | | 3 |
| | 9 | 3 | 5 | | 8 | 4 | | |
| | 7 | | | 9 | 8 | 6 | | |
| | | 1 | | | | | | |
| | | | | | 1 | | | |
| | | 6 | | 5 | | 7 | | |
| | 5 | 9 | 2 | | | | | 8 |

## #107

| | | | | | 6 | | | 4 |
|---|---|---|---|---|---|---|---|---|
| 4 | 1 | | 6 | | 2 | | 5 | 7 |
| | | | 5 | | 9 | 2 | | 1 |
| 5 | | | | | 4 | | | |
| 7 | | 6 | 1 | 3 | | | | |
| | | | 8 | | 6 | | | 9 |
| | 6 | 4 | 9 | | 8 | 1 | | |
| | | 5 | | | | | | |
| | | | 1 | | | | | |

## #108

| 1 | | | | 8 | 3 | 4 | 9 | 2 |
|---|---|---|---|---|---|---|---|---|
| 3 | | | | 4 | | 7 | | |
| 5 | 9 | | | | | | | |
| 2 | 6 | | 7 | 1 | | | | |
| | | | | | | | | |
| 7 | 4 | | | | 6 | | | |
| | | | 4 | | | | | 3 |
| 6 | 3 | | | | 2 | 8 | | |
| | | | 3 | | | | 1 | 6 |

## #109

| | | | | | | | | |
|---|---|---|---|---|---|---|---|---|
| 8 | | | 3 | | | | 6 | 9 |
| | 6 | | | 4 | 5 | | | |
| 7 | | 3 | | | 9 | | | 2 |
| 5 | | 9 | | 3 | 6 | 1 | | |
| | 2 | | | 9 | | | | |
| | | | 4 | 5 | 7 | | | |
| | | | | | 8 | 5 | 3 | |
| | | | | | | | | |
| | | 1 | 5 | | | | | 6 |

## #110

| | | | | | | | | |
|---|---|---|---|---|---|---|---|---|
| | | | | 6 | 1 | | | |
| | | | 5 | 7 | 4 | 6 | 9 | |
| 4 | | 6 | | | | 5 | | |
| | 6 | 1 | | | | 9 | 4 | |
| | | 5 | 2 | 4 | | | | |
| | | | | | 3 | | | |
| | | | | | | | | 1 |
| 6 | | | | | | 4 | 3 | |
| 2 | 5 | | | | | | | 9 |

## #111

| | | | | | | | | |
|---|---|---|---|---|---|---|---|---|
| 4 | | | | | | | 1 | |
| | | | | | 8 | 6 | 9 | 2 |
| 6 | | | 7 | 1 | | | | |
| | 5 | | | | | 3 | 7 | |
| 3 | | 2 | | | | | | 4 |
| | | | | | | | 8 | |
| | | 7 | | | 4 | | 5 | |
| | | 5 | 1 | 9 | | | | |
| | | 4 | | | | | | 1 |

## #112

| | | | | | | | | |
|---|---|---|---|---|---|---|---|---|
| 3 | 5 | | | | | | | |
| | | 2 | | 8 | | 7 | | |
| 9 | 7 | | | | | 4 | 3 | 2 |
| 8 | | | | | | | 6 | |
| | | | | | | | | 7 |
| | | | 4 | | | 3 | 2 | |
| | 1 | | | 7 | 9 | | | |
| | | | | | 5 | | 4 | 6 |
| | | | | | 3 | 2 | 7 | 1 |

## #113

| | | | | | | | | |
|---|---|---|---|---|---|---|---|---|
| 1 | 6 | | | | 2 | | | 4 |
| 7 | | 2 | 1 | | | | | |
| 5 | 4 | 3 | | 7 | | | | |
| | 2 | | | | 3 | 4 | 5 | 8 |
| | | 4 | | 5 | | 7 | 2 | |
| | | | | | | | | 3 |
| | | | | | | | 4 | 7 |
| 2 | 1 | | | 6 | 8 | 5 | | |
| | | | | | | | | 1 |

## #114

| | | | | | | | | |
|---|---|---|---|---|---|---|---|---|
| | | | 7 | | 4 | | | |
| 9 | | 5 | | 6 | | | 7 | |
| | | 2 | | | | | | |
| 6 | 8 | | | | | 9 | 2 | |
| | | | | | | | | |
| | 5 | | 2 | 7 | 3 | | | |
| | | | 3 | 9 | 7 | | 4 | 1 |
| | 1 | 8 | 6 | 4 | | | 9 | |
| | | | | | | 7 | | 6 |

## #115

| | | | | | | | | |
|---|---|---|---|---|---|---|---|---|
| 7 | 8 | | | | | | | |
| | | | 9 | | | | | |
| 5 | 4 | 9 | | | | 6 | | 8 |
| | | | 4 | | 9 | | 2 | |
| | | | | | 7 | | | |
| | | | | 2 | | 9 | | 3 |
| 9 | | | 8 | | | | 7 | 6 |
| | 1 | 2 | | | | | 8 | |
| | | 5 | 6 | 1 | | | | 9 |

## #116

| | | | | | | | | |
|---|---|---|---|---|---|---|---|---|
| | 6 | | 4 | 3 | | | | 1 |
| 1 | | | | | | | | |
| | | | | | | 6 | 8 | |
| 6 | 4 | | | | | | 5 | 3 |
| | | 2 | | 7 | 9 | | 6 | |
| | | | 6 | | | | | 9 |
| 4 | | 6 | | | | | | 5 |
| 2 | | 7 | 5 | 8 | | | | |
| | | | 1 | | 6 | | | |

## #117

| | | | | | | | | |
|---|---|---|---|---|---|---|---|---|
| 9 | | | | 4 | | 6 | 7 | |
| | 1 | | 5 | | | | | |
| 3 | | 8 | | | 7 | 5 | | |
| | | | | | | | | |
| | | | | | | 8 | | 3 |
| | | 2 | | 7 | 6 | | | |
| 4 | | | | 3 | | | | |
| | | | | | | | | 9 |
| | | 7 | 1 | | | | 2 | 8 |

## #118

| | | | | | | | | |
|---|---|---|---|---|---|---|---|---|
| 4 | | | | | | | | 1 |
| | | 1 | 9 | 8 | | | | |
| | | 6 | | | 1 | | 8 | 7 |
| 9 | 2 | 8 | | | | | | |
| | | | | | | 9 | | |
| | | | | 6 | | | | 5 |
| | | | | 4 | | | | |
| | 6 | | 7 | | | 2 | | 8 |
| 1 | | | | | 2 | | 7 | 6 |

## #119

| | | | | | | | | |
|---|---|---|---|---|---|---|---|---|
| | | 2 | | | 3 | 8 | 4 | |
| 6 | | | | | | | | |
| | 3 | 1 | | | | | | |
| | | 3 | 7 | | | | | |
| | 4 | | | | 6 | | 2 | |
| | | | 8 | | 9 | 4 | | |
| | | | | 8 | | 6 | | 3 |
| 2 | 6 | 8 | 3 | | 5 | 1 | 9 | |
| | | | 1 | 6 | | | | 5 |

## #120

| | | | | | | | | |
|---|---|---|---|---|---|---|---|---|
| | | | | | | 9 | | |
| | 7 | | | | | | | 6 |
| | | | 4 | | | 2 | 5 | |
| | | | | | | | | |
| | 3 | 2 | | | 1 | | | |
| 6 | 9 | 4 | 2 | 3 | 8 | | | |
| 5 | 1 | | 3 | | | 6 | 4 | 2 |
| | 4 | 3 | | 6 | 2 | 8 | | |
| | | | | 8 | | | | 5 |

## #121

| | | | | | | | | |
|---|---|---|---|---|---|---|---|---|
| 1 | | | 5 | | 9 | 3 | | 4 |
| | 7 | | | 8 | 4 | 1 | | |
| | | | 2 | 1 | | | | |
| | 1 | 4 | | 5 | | | | |
| 7 | 2 | | | | | | | |
| 8 | | | | | | | | |
| | | | | | 2 | | 7 | 6 |
| 6 | | | | | 1 | 5 | | |
| | 8 | | | 9 | | | | 3 |

## #122

| | | | | | | | | |
|---|---|---|---|---|---|---|---|---|
| | | | | | | | 5 | |
| 9 | 8 | | 1 | | | | | |
| | 2 | | 5 | | | | | |
| | | | | 1 | 6 | 3 | | |
| | | | | | | 8 | 2 | |
| | 6 | | | | 7 | | | 4 |
| 3 | | 1 | | | 9 | | 7 | |
| | | | | 4 | 5 | 9 | 3 | |
| | | | | 7 | 1 | 6 | | |

## #123

| | | | | | | | | |
|---|---|---|---|---|---|---|---|---|
| | 5 | | | | | | 7 | 3 |
| | | 3 | | 4 | | | | 6 |
| 2 | | | | | 1 | 8 | | |
| | 9 | 8 | | 2 | | | | |
| | | | | | | | | |
| | 3 | | 7 | 8 | | 4 | 5 | |
| | | | | | | 9 | | |
| | | | | | | | | 2 |
| 1 | | 7 | | 3 | | | | |

## #124

| | | | | | | | | |
|---|---|---|---|---|---|---|---|---|
| | 3 | 9 | | | 2 | | | 6 |
| | | 5 | 1 | 3 | | | | |
| | | | | | | 2 | | |
| | 7 | 4 | | | 8 | | 9 | |
| | 6 | | | 7 | | 5 | | |
| | | 1 | | 2 | 3 | | | |
| | 1 | 3 | 9 | | | | | 8 |
| 5 | | 6 | | | | | | |
| | | | | | | | | 9 |

## #125

| | | | | | | | | |
|---|---|---|---|---|---|---|---|---|
| | | 7 | 9 | | | 4 | 8 | |
| | | 1 | 8 | | | | | 3 |
| | 6 | 8 | | 4 | | 9 | 2 | 5 |
| | 8 | | 2 | | 4 | | | |
| | | | | | | 8 | | 9 |
| | | | 3 | | | | 4 | |
| | | | 7 | 5 | | | | 4 |
| | 5 | | | 1 | 9 | 2 | | |
| | | | | 8 | | | | 6 |

## #126

| | | | | | | | | |
|---|---|---|---|---|---|---|---|---|
| | | 2 | | | 5 | 4 | | 7 |
| | | | 8 | 9 | | 5 | 3 | |
| | | | | | | | 9 | |
| 8 | | | | | 9 | 3 | | 5 |
| | 5 | | 4 | | 2 | | | |
| | | | | | | | 7 | |
| | 4 | | | | | | | |
| | | | | 5 | | 7 | 8 | 9 |
| | | 9 | | | | 2 | | 6 |

## #127

| | | | | | | | | |
|---|---|---|---|---|---|---|---|---|
| 7 | | | | | | | | 8 |
| 5 | | | | | | | 3 | |
| | | | 6 | | 3 | | | |
| | 4 | | | | | 9 | | |
| | | 6 | | 2 | 9 | | 1 | |
| | 1 | 9 | 7 | | | 4 | 2 | 3 |
| | | 1 | | | | | | |
| | | | | | | | 9 | 2 |
| | 7 | | 2 | 6 | | | | 4 |

## #128

| | | | | | | | | |
|---|---|---|---|---|---|---|---|---|
| | | 6 | | | 4 | | | |
| | | | 3 | | 1 | 7 | 8 | |
| | | | | | | | 5 | 4 |
| | | | | | | | | |
| | | | | | | 3 | 4 | 7 |
| | | | | 2 | | | 1 | 9 |
| 1 | | | | | 9 | | 3 | |
| | | 5 | 8 | | | | | |
| 9 | 8 | | | 4 | 7 | | | 1 |

## #129

| | | | | | | | | |
|---|---|---|---|---|---|---|---|---|
| | | | | | 6 | | | |
| | | 6 | | | 4 | | | |
| | | 1 | 5 | 2 | 9 | | | |
| | 8 | | | | | 3 | 5 | |
| | | | 7 | | 5 | 2 | 9 | 8 |
| 9 | | | | | | | | |
| 4 | | | | | 2 | | 1 | |
| | | 9 | | | | | | 4 |
| | 6 | 2 | 8 | | | 5 | | |

## #130

| | | | | | | | | |
|---|---|---|---|---|---|---|---|---|
| | 7 | 6 | 8 | | | 9 | | |
| | | | | | | | | 2 |
| 3 | | 9 | 1 | | | | | |
| | 5 | | | | 6 | | | 3 |
| | 3 | | | | | | 8 | 1 |
| | | | | 2 | | 7 | | 6 |
| | | | | | 5 | | 7 | |
| 5 | | | 4 | 3 | | | | |
| | 4 | | | | | | | |

## #131

| | | | | | | | | |
|---|---|---|---|---|---|---|---|---|
| | 1 | 6 | 2 | 9 | 8 | 3 | | |
| | | 9 | | | | | 1 | |
| 3 | 2 | | | | | | | |
| | | | 5 | | | | | |
| | 9 | 5 | 7 | 4 | | 1 | | |
| | 3 | | | | | | 7 | 8 |
| 6 | | | 1 | 3 | | | 8 | 4 |
| | | | | | 5 | | 3 | |
| | | | | | 2 | | | |

## #132

| | | | | | | | | |
|---|---|---|---|---|---|---|---|---|
| | | | | 4 | | 9 | | |
| | 5 | 8 | | 3 | | | | |
| | | | | | | | 7 | 6 |
| | 7 | | | 1 | 2 | | 4 | |
| 5 | | 6 | | 7 | 9 | 2 | | |
| | 2 | | | | 4 | | | 9 |
| 3 | | | 6 | | | 5 | | |
| | | 4 | | | | | | |
| | | | | | | | 9 | 3 |

# #133

| | | | | | | | | |
|---|---|---|---|---|---|---|---|---|
| 6 | | 2 | 3 | | 4 | | 5 | |
| | | 7 | | | | | | |
| | | | | | 5 | | | 9 |
| | | | 8 | | | 9 | | 3 |
| 3 | 7 | 5 | | | | | | |
| | | | | 4 | | | | 1 |
| | | 3 | | | | | 4 | |
| | 8 | 9 | | | 1 | | | 5 |
| 2 | | | | | | 6 | | |

# #134

| | | | | | | | | |
|---|---|---|---|---|---|---|---|---|
| | | 1 | 6 | | | | | |
| | | | | | 9 | | | |
| | | | | 3 | | | 8 | 5 |
| | | 3 | | | | | | 6 |
| | 4 | | | 2 | 6 | | 5 | |
| | 2 | | 8 | | | | 3 | |
| | | | | 5 | | | 2 | |
| | | 7 | 2 | 8 | | | 9 | 4 |
| | 9 | 4 | | | | | | |

# #135

| | | | | | | | | |
|---|---|---|---|---|---|---|---|---|
| | 1 | 7 | 4 | 9 | | | | 8 |
| | | 6 | | | | 1 | | 9 |
| 5 | | | | 6 | | | | |
| | | 2 | | 3 | 7 | 8 | 6 | |
| 1 | | | 8 | 4 | | | | |
| | | | | | | | | 2 |
| 8 | | | | | | | | |
| | | | 5 | | | 2 | | |
| | | | | 2 | 4 | 3 | 8 | 1 |

# #136

| | | | | | | | | |
|---|---|---|---|---|---|---|---|---|
| 5 | | 1 | 4 | | 3 | 2 | 7 | |
| | | | | 8 | 2 | 1 | 5 | |
| | | 7 | 5 | 6 | | | | 8 |
| | | 2 | 1 | | | | | 7 |
| 8 | | | | | | | | |
| | | 3 | | | | | | |
| | 3 | | 9 | 2 | | | 8 | |
| 7 | | 9 | | 4 | | | | 2 |
| 4 | | | | | | | 3 | |

# #137

| | | | | | | | | |
|---|---|---|---|---|---|---|---|---|
| | 5 | | | | | 9 | | 3 |
| 1 | | | | | | | | |
| | | | | | | 8 | | 1 |
| | | 9 | 6 | | | | | |
| | | 3 | | | 4 | | | |
| | | | | 8 | | | 5 | |
| | 8 | 4 | | 5 | | | | 2 |
| 6 | | 5 | 9 | 7 | 8 | | 3 | |
| | | | 3 | | | | | 8 |

# #138

| | | | | | | | | |
|---|---|---|---|---|---|---|---|---|
| | | | | | | | | |
| | | | 1 | | 7 | 6 | | |
| | | | 6 | | | 9 | 2 | 3 |
| | 1 | | 9 | | | 2 | 3 | |
| 5 | | | | | | | | |
| | 2 | 7 | | 5 | | | | |
| | | | | | 3 | 1 | | 8 |
| | | 4 | | | 6 | | | |
| | | 5 | | 8 | | | 7 | 6 |

## #139

| | | | | | | | | |
|---|---|---|---|---|---|---|---|---|
| 1 | | | | | | | 2 | |
| | 3 | | 9 | 5 | | 7 | | |
| | | | | | | | | 4 |
| | 8 | | | | | | | |
| | | | | | | | 3 | 9 |
| 2 | | 6 | | 3 | | 8 | 4 | |
| | 2 | | | 9 | 5 | | | |
| | | | | 7 | 6 | | 8 | 1 |
| 4 | | | | | 2 | | 5 | 7 |

## #140

| | | | | | | | | |
|---|---|---|---|---|---|---|---|---|
| | | | | | 6 | | 3 | |
| | | | 9 | 1 | | | 2 | |
| | 8 | | 5 | 7 | | 6 | | |
| | 2 | 3 | | 5 | | 8 | 9 | |
| | 5 | | | | 2 | | | |
| | | 6 | | 3 | | | | |
| | | 8 | | 6 | | 5 | | 9 |
| 7 | | | | | 1 | | | |
| | | | | | | | | 1 |

## #141

| | | | | | | | | |
|---|---|---|---|---|---|---|---|---|
| | | | 7 | | | 2 | 9 | |
| | 8 | | | 1 | 2 | 6 | | |
| 5 | 4 | | 8 | | | | 7 | 1 |
| 2 | 6 | | | | 3 | | | |
| | 7 | 1 | | | | 4 | | |
| 8 | | | 2 | | | | | |
| | | | | | | | | |
| | | | | | 6 | | | 4 |
| 7 | | 9 | 4 | 2 | | | 8 | 6 |

## #142

| | | | | | | | | |
|---|---|---|---|---|---|---|---|---|
| 4 | | 7 | | | | 6 | 3 | |
| | | | | | | | | |
| 3 | | | | | | | | 7 |
| | | | | | | 5 | 7 | 1 |
| | 5 | | | 3 | 1 | 8 | | |
| | | | | 2 | | | 4 | |
| 2 | 8 | | | 6 | | 3 | | |
| | 7 | | 1 | 8 | 5 | | 2 | |
| 5 | | | | | | | | |

## #143

| | | | | | | | | |
|---|---|---|---|---|---|---|---|---|
| 9 | 7 | 2 | | 1 | 3 | | | |
| | 8 | 6 | | 2 | | 9 | 1 | 5 |
| 1 | 4 | | 6 | | | | | |
| | | | | | | | | |
| | 2 | | | | 9 | | | |
| | 5 | | | 7 | | 3 | | 6 |
| | 9 | | | 5 | 4 | | | 3 |
| 7 | | | | | | | | 9 |
| | | | | | | | 4 | 7 |

## #144

| | | | | | | | | |
|---|---|---|---|---|---|---|---|---|
| | | 7 | | | | | | |
| | | 4 | | | | | | |
| 6 | | | | | | 1 | 2 | 7 |
| 7 | 5 | | | 8 | | 3 | | 1 |
| | | | 2 | | | | 5 | |
| | 1 | | | | 3 | | | |
| | 8 | | 7 | | | | 4 | |
| | | | | 6 | | | | 8 |
| 4 | | 1 | | 2 | 8 | | 7 | 3 |

## #145

| | | | | | | | | |
|---|---|---|---|---|---|---|---|---|
| | | 3 | 9 | | 8 | | 4 | 6 |
| | | | | 4 | 5 | | | |
| | | | | | | | | |
| | 7 | 4 | | | | | 3 | |
| | | | | 9 | | | | 4 |
| 3 | 1 | | 4 | 5 | | | | |
| 2 | | | 6 | | | 8 | | 5 |
| 1 | 5 | | | | | | | |
| | 4 | | | 2 | | | 7 | 1 |

## #146

| | | | | | | | | |
|---|---|---|---|---|---|---|---|---|
| | | | | | 8 | | 3 | 5 |
| 1 | 3 | | 2 | 5 | | | | |
| | | 4 | 9 | 7 | 3 | 1 | 2 | |
| | 4 | | 3 | | | | | 7 |
| | 9 | 5 | 8 | | | | | |
| | | | | | 9 | 8 | | |
| | | 9 | | | | | 6 | |
| | | | 7 | 9 | | | | |
| | | | 5 | | | | 1 | 2 |

## #147

| | | | | | | | | |
|---|---|---|---|---|---|---|---|---|
| 3 | | 7 | | 1 | 8 | 5 | | |
| | | | | | | 1 | | 8 |
| 5 | | | 9 | 6 | | | | |
| | | | | | 2 | | | |
| | | | 6 | | | | 2 | |
| 4 | | | | 5 | | 3 | | |
| | | | | | | | | 5 |
| 1 | 4 | 5 | 8 | 7 | | | | |
| | | 6 | | 3 | | | 8 | 1 |

## #148

| | | | | | | | | |
|---|---|---|---|---|---|---|---|---|
| 5 | | | 3 | | | | | 2 |
| | | | | | | | | |
| 6 | | 2 | | | | | 5 | 1 |
| | 7 | 8 | | | 3 | 2 | 4 | |
| | 9 | | | | | | | |
| | | 5 | 9 | | | 8 | | |
| | | | | | | 4 | | |
| | | | 7 | | 1 | | | |
| 4 | 2 | | | 8 | | 9 | | 7 |

## #149

| | | | | | | | | |
|---|---|---|---|---|---|---|---|---|
| 3 | 2 | 6 | | 9 | | 8 | | |
| | | | | | | | | 1 |
| | 9 | | | | | | | |
| | | | 3 | | | | 6 | |
| 2 | | | | | 9 | 7 | | |
| | | 8 | | 6 | 1 | 4 | | 2 |
| 9 | 4 | 1 | 2 | | | 3 | 5 | 7 |
| | | | | | | | | |
| | 7 | | 9 | | 3 | | | 4 |

## #150

| | | | | | | | | |
|---|---|---|---|---|---|---|---|---|
| | | 4 | 2 | | 8 | | | |
| | | | | | | | 6 | |
| | | | | 1 | | 4 | 2 | 7 |
| 2 | | | 5 | 8 | 4 | | 1 | 3 |
| 3 | 1 | | 6 | | | | | |
| | | | | | | | | |
| | | | | 5 | 1 | | | 4 |
| | 6 | | | | 9 | | | |
| 9 | 7 | | | | | 2 | | |

# #151

| | | | | | | | | |
|---|---|---|---|---|---|---|---|---|
| 4 | | 2 | 3 | | | | | 9 |
| 9 | | | | | | 3 | | 6 |
| | 6 | | 2 | | | | | 8 |
| | 4 | 7 | 8 | | | 9 | | |
| | | 8 | | 3 | | | | |
| 6 | 2 | | | | 7 | | | |
| | | | | | 3 | | 9 | 1 |
| 1 | | | 5 | | 4 | 2 | | |
| | | | | 7 | 8 | | | |

# #152

| | | | | | | | | |
|---|---|---|---|---|---|---|---|---|
| 9 | | | | 7 | | | | |
| | | 5 | | 8 | | | | |
| | | | | | 2 | 3 | 7 | 8 |
| | | | | 1 | | 6 | 8 | 9 |
| | 1 | 6 | | | | 5 | | 4 |
| | | | | | | | | |
| | | | | | | | | |
| 3 | | | | | 4 | 9 | 5 | 7 |
| | 2 | 7 | | | 9 | 8 | 4 | 1 |

# #153

| | | | | | | | | |
|---|---|---|---|---|---|---|---|---|
| | 5 | | | | 4 | | | |
| | | | | 5 | 1 | | | 8 |
| 8 | | 4 | | | 7 | | 3 | 1 |
| 2 | | | | | | | | |
| | 9 | 1 | 6 | | 5 | | | |
| | | 6 | | | | | 1 | |
| 5 | 4 | | 1 | | | 3 | | |
| | | | | 8 | | 9 | | |
| | | | | 7 | 9 | | | 4 |

# #154

| | | | | | | | | |
|---|---|---|---|---|---|---|---|---|
| | | | | | | | | |
| | | | | | | 7 | | 9 |
| | | | 7 | 4 | | | 3 | 2 |
| | 9 | | | 3 | | 2 | 8 | |
| | 2 | 4 | | | | 5 | 9 | |
| 5 | 7 | | | | | | | |
| | | | | | | 9 | 5 | |
| 6 | 8 | | 5 | | | | 2 | 3 |
| 4 | | 3 | 2 | 9 | 8 | | | 1 |

# #155

| | | | | | | | | |
|---|---|---|---|---|---|---|---|---|
| 2 | 8 | | 6 | 3 | | | 4 | 9 |
| 9 | | 4 | | | | | | |
| | | | | | | | | 1 |
| | 5 | 8 | | | | 4 | | |
| 7 | 4 | 2 | 8 | 1 | | 9 | | 5 |
| | | 9 | | 2 | | | 8 | |
| | | | | 8 | | | | |
| | | | | | 4 | | | |
| | | 7 | 2 | | 9 | | 3 | |

# #156

| | | | | | | | | |
|---|---|---|---|---|---|---|---|---|
| | 5 | | | | 8 | | | |
| | | | 5 | 6 | | 9 | 7 | |
| 4 | | | 2 | | 7 | | | 3 |
| 2 | 3 | | 1 | | | | | |
| 1 | 4 | 7 | 3 | | | | | 8 |
| 9 | | | | | | | | |
| | | | | | 2 | 5 | 8 | |
| | | | | | | | 9 | 6 |
| | | 1 | | | | 2 | | |

## #157

| | | | | | | | | |
|---|---|---|---|---|---|---|---|---|
| | 2 | 9 | | | | | | |
| | | | 4 | 2 | 9 | | | |
| | | | | | | | 1 | |
| | 4 | 1 | 3 | | | 8 | | |
| 2 | | 3 | | | 4 | | | |
| | 5 | | | | | | | 9 |
| | | | | 9 | | | | |
| | | 2 | | 6 | 1 | 4 | 5 | |
| 8 | | | | | 7 | 1 | 9 | 3 |

## #158

| | | | | | | | | |
|---|---|---|---|---|---|---|---|---|
| 2 | | 4 | 9 | | | | | |
| | | | 6 | 5 | 3 | | 2 | 7 |
| | | | | | | 5 | 9 | 1 |
| 4 | 8 | 6 | | 3 | 7 | | 1 | |
| 1 | | | | | | | | |
| | | 9 | | | | | | 8 |
| | | | | | 5 | | | |
| | | | 4 | | | 7 | 3 | |
| 9 | 1 | 3 | | | | | | 5 |

## #159

| | | | | | | | | |
|---|---|---|---|---|---|---|---|---|
| | 3 | 4 | 5 | | 1 | 6 | | 2 |
| 2 | | | | | | | | |
| | 5 | | | 6 | 4 | | | |
| | | | | 1 | 8 | | | |
| | 2 | 9 | | | | 7 | | |
| | | | | | | | 8 | |
| 3 | | 6 | | | | 2 | | 9 |
| | | | | | 5 | | | |
| | 7 | | | | 6 | | | 3 |

## #160

| | | | | | | | | |
|---|---|---|---|---|---|---|---|---|
| | | | | | 6 | 2 | | 7 |
| 1 | 8 | | 7 | | | 5 | | |
| | | | 5 | | | 1 | | 6 |
| | 4 | | 3 | | 7 | | | 5 |
| | 5 | | | 9 | | | 3 | 8 |
| 6 | | | | | 1 | | | |
| | | | | | | | | 4 |
| 5 | 6 | | | | | | | |
| | 3 | 7 | | | | | | |

## #161

| | | | | | | | | |
|---|---|---|---|---|---|---|---|---|
| 1 | 8 | | | 3 | 7 | 5 | | |
| | | | | | 4 | | | |
| | | | 5 | 8 | | | | |
| | | | | | | | | 9 |
| | | 3 | | 6 | | 1 | 5 | |
| | | | | | 1 | 3 | 7 | |
| | | | | | | | | |
| | 4 | | 2 | | | 9 | | 6 |
| 2 | 1 | 5 | 6 | 9 | 3 | 8 | 4 | 7 |

## #162

| | | | | | | | | |
|---|---|---|---|---|---|---|---|---|
| | 3 | | | | | | | |
| | | | | 6 | 4 | | | |
| | | | 1 | | 7 | | 6 | |
| | | | 3 | | | 2 | 5 | 4 |
| | 4 | | 5 | | 6 | | 1 | |
| | | 2 | | | | | 3 | |
| | | 1 | | | | | | 7 |
| 2 | | 5 | | 1 | | | | 9 |
| | 6 | 7 | 8 | | | 1 | 2 | 3 |

## #163

| | | | | | | | | |
|---|---|---|---|---|---|---|---|---|
| | 4 | 7 | 8 | | | 3 | 9 | 1 |
| | | | | | | 2 | | 7 |
| | | | | 7 | | | 8 | |
| | 3 | | 6 | 2 | | | | |
| | 8 | | | | | | | |
| | | | 9 | | | 1 | | |
| 9 | | | 3 | | 8 | | 5 | |
| | | 6 | 4 | | | | 7 | |
| | | 3 | 5 | | | | | |

## #164

| | | | | | | | | |
|---|---|---|---|---|---|---|---|---|
| | | | 2 | | | | 6 | 7 |
| 3 | 5 | 7 | | | | | | |
| | | | | | | | | 8 |
| | | | | | 8 | | 7 | |
| 2 | | | | 9 | | | | |
| | | | | 6 | | 4 | 1 | 5 |
| 5 | 2 | 4 | 7 | | | | | |
| | 6 | 3 | | | | | | 4 |
| 8 | | | | 5 | 3 | | | |

## #165

| | | | | | | | | |
|---|---|---|---|---|---|---|---|---|
| 9 | | | | 5 | | | | |
| | | | | | | 3 | | |
| 5 | | | | 1 | 2 | 7 | | |
| | | 2 | | | | 5 | 7 | 1 |
| 1 | 6 | | | | 7 | 8 | 4 | |
| 7 | 9 | | | | 1 | | | |
| | 3 | | | | 4 | 1 | | 8 |
| 4 | | | | | 9 | 6 | 3 | |
| | | | | | | | | |

## #166

| | | | | | | | | |
|---|---|---|---|---|---|---|---|---|
| 1 | | | 5 | | | | | |
| | | 2 | | | 3 | 6 | | 8 |
| 5 | | | | | 7 | | | 2 |
| 4 | | 9 | 7 | | | 3 | | |
| | 8 | 6 | | | 9 | | | 4 |
| | | | | | | | | |
| | | | | | | | 9 | |
| | | | | 4 | | | | |
| 6 | | | | 1 | | | 4 | 5 |

## #167

| | | | | | | | | |
|---|---|---|---|---|---|---|---|---|
| | 4 | | | 1 | | 8 | | 5 |
| 5 | | | 2 | 6 | 8 | 9 | 1 | |
| | | 8 | | | 9 | | 2 | |
| | | | 7 | | | | 4 | |
| 7 | | | | | | | 9 | 2 |
| | | | | | 4 | | | 6 |
| | | | | | | | | |
| | | 3 | | 8 | | | | |
| 6 | 1 | | | | | | 5 | |

## #168

| | | | | | | | | |
|---|---|---|---|---|---|---|---|---|
| 4 | | | 1 | | | 9 | | |
| | 7 | | | 4 | 9 | 6 | | |
| | | | | | | | 2 | 4 |
| | | 5 | 3 | 2 | 8 | | 6 | 7 |
| | | | | | | | | |
| | | 3 | | | 6 | | | |
| | | 2 | | | | | 3 | |
| | 3 | | 8 | | 4 | | | |
| | | | | 9 | | 5 | | |

## #169

| | | | | | | | | |
|---|---|---|---|---|---|---|---|---|
| | | | 1 | | 7 | 3 | | |
| 2 | | | | | | | | |
| 9 | | | | 2 | | 1 | | 8 |
| | 6 | | 4 | | | | | |
| | 7 | | | | 3 | 2 | | |
| | | | | | 2 | 8 | 3 | 1 |
| | | 1 | | 8 | | | | |
| | 4 | | | | | 6 | | |
| | | 5 | 6 | | | | | 2 |

## #170

| | | | | | | | | |
|---|---|---|---|---|---|---|---|---|
| 7 | 1 | | | | 3 | | 9 | 2 |
| 3 | | | 2 | | | | | |
| | | 2 | | | 9 | 5 | 7 | |
| | 9 | 4 | | | | 7 | 5 | |
| 1 | 6 | | | | | 3 | | |
| | 2 | | | | 4 | | | |
| | | | 6 | | | | | |
| | | | | | 7 | 6 | | |
| | | | | | | 9 | | |

## #171

| | | | | | | | | |
|---|---|---|---|---|---|---|---|---|
| | | | | 5 | | 4 | | |
| | | | 3 | | | | 2 | |
| | | | | | | | 6 | 9 |
| 1 | | | | 9 | | | | |
| 8 | 7 | | 1 | | | | | 2 |
| | 6 | | | 4 | | | | 3 |
| | | 7 | | | | 9 | | |
| | | | | | 4 | | 3 | 6 |
| | 9 | | 6 | | | 7 | 8 | 4 |

## #172

| | | | | | | | | |
|---|---|---|---|---|---|---|---|---|
| | 9 | | | | | | | 2 |
| | 7 | | | | | | | 8 |
| | 8 | 2 | 7 | 9 | | 6 | 4 | |
| 2 | 1 | | 6 | | | | 3 | |
| 7 | 3 | | 1 | | | | 6 | |
| 6 | | 4 | | 2 | | | 9 | |
| | | | | 4 | | | | |
| 1 | | | | | | | | |
| | 6 | 7 | 5 | 3 | | | | |

## #173

| | | | | | | | | |
|---|---|---|---|---|---|---|---|---|
| | | 1 | | 3 | 6 | | | 8 |
| | | | | | 1 | | 6 | 2 |
| 6 | | | | 8 | 5 | | 3 | 4 |
| 7 | 4 | | | | | | | |
| | 5 | | | | | | | 9 |
| 3 | | 9 | | 7 | | | | 6 |
| | 3 | | 9 | 1 | | | | |
| | | | | | 8 | | | |
| | | | | | | 3 | 9 | 1 |

## #174

| | | | | | | | | |
|---|---|---|---|---|---|---|---|---|
| | 4 | | | | | | | |
| | | | | | | | | 7 |
| 8 | | | 9 | 5 | | | 4 | 3 |
| 7 | 2 | | | 1 | | 3 | | |
| 5 | | | | | 3 | | 9 | |
| 6 | | 9 | 8 | 7 | | | | |
| | | | | | | | 7 | |
| | 7 | | | 8 | | | | 4 |
| | 8 | 3 | 4 | | | | | 9 |

## #175

| | | | | | | | | |
|---|---|---|---|---|---|---|---|---|
| | | | 8 | | | | 2 | |
| 9 | 6 | | | 7 | 2 | 5 | | |
| | | | | | | | | 1 |
| 7 | 5 | 9 | | 2 | | | | |
| | | | | | 7 | | | |
| | | | 1 | | | | | 3 |
| | | 5 | | 8 | 9 | | 3 | 7 |
| 2 | | 3 | | | | | | 4 |
| | | | | | | 8 | | |

## #176

| | | | | | | | | |
|---|---|---|---|---|---|---|---|---|
| | 8 | | | 9 | | | 3 | 1 |
| | | 7 | 5 | | | 2 | 4 | |
| | | 1 | | 3 | 2 | | | |
| | | 4 | | 2 | | | | |
| | | | | | | | 9 | 3 |
| 7 | 6 | | | | 3 | | 5 | |
| | 1 | 9 | 7 | 6 | 8 | | | |
| 5 | | | | | | | | |
| | | | | | | | | 7 |

## #177

| | | | | | | | | |
|---|---|---|---|---|---|---|---|---|
| | | 8 | 2 | 6 | | 5 | | |
| | | | | | 3 | | | 6 |
| | 4 | 3 | 8 | | 5 | | | |
| | | 1 | | 2 | | | | |
| | | | | | | | 8 | |
| | 3 | 2 | 4 | 8 | 9 | | | |
| | | | 1 | 9 | | 2 | 4 | |
| | 1 | | | | | | | |
| | 9 | | | | | | | 3 |

## #178

| | | | | | | | | |
|---|---|---|---|---|---|---|---|---|
| | 2 | 5 | 9 | | | | | |
| | | 4 | | | 2 | | 7 | 3 |
| | | | 3 | | | | | |
| | 7 | 9 | | | 3 | 4 | | 8 |
| | | | | | | 6 | | |
| 6 | | | | 5 | | | | |
| | | | | | | 5 | 6 | 4 |
| | | 2 | | | 9 | 7 | | |
| | 4 | | | | | | | 2 |

## #179

| | | | | | | | | |
|---|---|---|---|---|---|---|---|---|
| | 6 | | | | | 4 | 9 | 5 |
| | | | | | | 6 | 2 | |
| 2 | 1 | 9 | | | | | | |
| | | 3 | 7 | | | | 6 | |
| | | | | 5 | | | 3 | |
| 9 | | | | | 8 | 2 | 4 | 7 |
| 1 | 7 | 2 | 9 | | | | | |
| 4 | | | | 1 | | 3 | 7 | |
| | | | | | | | | 2 |

## #180

| | | | | | | | | |
|---|---|---|---|---|---|---|---|---|
| | | | | | | | | 8 |
| | | 9 | 7 | 4 | 1 | 6 | 2 | 3 |
| 7 | | | | | | | | |
| | | | | 2 | | | 9 | |
| 8 | 4 | | 5 | 9 | | | | 6 |
| | 2 | | | | | | | |
| | | | 2 | 1 | | | 7 | 9 |
| | | 4 | | | | | | |
| | | 8 | 9 | | 4 | | | 2 |

## #181

| | | | | | | | | |
|---|---|---|---|---|---|---|---|---|
| | 3 | | 2 | | 9 | | 4 | |
| | | 8 | 7 | | | | | |
| 4 | | 1 | | | | 3 | | |
| | 6 | | | | | 2 | | |
| | | | | 5 | 8 | | | 9 |
| | | 5 | 3 | | | 6 | | |
| | | | | 8 | | | | 1 |
| | | | 5 | | | | | 8 |
| 1 | | 6 | 9 | 3 | | | | |

## #182

| | | | | | | | | |
|---|---|---|---|---|---|---|---|---|
| 4 | 8 | 5 | | | | | | |
| | | | | 8 | 5 | 9 | 3 | |
| | | 1 | | 2 | | | | |
| | | 8 | | | | 7 | 1 | |
| | | | | 1 | | | | 8 |
| | | | | | 7 | | | |
| | 4 | | | | 3 | | | |
| 9 | | | 6 | | | 8 | 2 | |
| 5 | | 6 | | | | | | 4 |

## #183

| | | | | | | | | |
|---|---|---|---|---|---|---|---|---|
| | 5 | | | 7 | 2 | | 9 | |
| 7 | | | | | | | | 2 |
| | 9 | | 1 | | | | | |
| | | 9 | | | | | 2 | 1 |
| | 6 | 8 | 4 | | | | | |
| | | | | | 6 | 4 | 5 | 8 |
| 3 | 7 | | | 6 | 5 | | | |
| | | | | | 4 | | 8 | 5 |
| | | | | | | | | 7 |

## #184

| | | | | | | | | |
|---|---|---|---|---|---|---|---|---|
| | 6 | 3 | | 8 | 4 | | 2 | |
| | | | | | | | | |
| | | 1 | | | | | 3 | |
| 4 | | | | 3 | | 7 | | |
| 5 | | 9 | 4 | 2 | | | | |
| | 1 | | 6 | | | | | |
| | | | 5 | 7 | | | | 4 |
| | | | | 6 | 9 | 3 | 8 | |
| | | | | 4 | 8 | | | 1 |

## #185

| | | | | | | | | |
|---|---|---|---|---|---|---|---|---|
| | | 9 | 6 | 7 | | 5 | 2 | |
| | | | | 4 | | | | |
| | | 6 | | 8 | 3 | 7 | | |
| 4 | | | | | 8 | | | |
| 2 | 7 | 1 | | | | 3 | | |
| | | | | | | | | |
| | | | | | | | 4 | |
| | 6 | 2 | | 3 | | 8 | | |
| | | | 7 | | | 9 | 6 | 2 |

## #186

| | | | | | | | | |
|---|---|---|---|---|---|---|---|---|
| | | | | | | | | |
| 1 | 8 | | | | | | 4 | |
| 2 | | 4 | 1 | 3 | | | | |
| | | | | | 5 | 2 | 9 | |
| | 4 | | | 8 | | | 5 | |
| | 5 | 9 | 7 | | 2 | 1 | 8 | |
| | | | | | 6 | 5 | | |
| | 6 | 5 | | 1 | 7 | | | |
| | 1 | | | | | | | |

## #187

| | | | | | | | | |
|---|---|---|---|---|---|---|---|---|
| | 6 | 4 | 2 | 5 | 1 | | 9 | |
| | | 9 | | | 4 | 5 | 2 | |
| | | | 3 | 9 | 6 | | 1 | |
| | | | | | | | | |
| 3 | | 6 | 8 | 2 | | | | |
| 8 | 2 | | 6 | 7 | | | | |
| | | | | | | | | 9 |
| 6 | | | | | | | 7 | |
| | 1 | | 5 | | | | | 8 |

## #188

| | | | | | | | | |
|---|---|---|---|---|---|---|---|---|
| 6 | | | | | | 1 | | 5 |
| | 3 | | 2 | | 1 | | | |
| | 1 | 8 | 7 | 4 | | | 3 | |
| | | 6 | 4 | 1 | | | 5 | 3 |
| 5 | | 3 | | | 7 | | | 6 |
| 1 | 7 | | | | | 9 | | |
| | | | | | | 5 | | |
| | | | 1 | | 8 | | | |
| | | | | 9 | | | | 4 |

## #189

| | | | | | | | | |
|---|---|---|---|---|---|---|---|---|
| | 6 | 8 | 5 | 3 | | | | |
| 3 | | | | 8 | 1 | 6 | | |
| 9 | 7 | | | | | | | |
| | | | 3 | | 2 | | | 1 |
| | 9 | | 4 | | | | | |
| | | | | 1 | | 2 | | |
| | 2 | | | | 8 | | 7 | 9 |
| | | | | | 5 | | | |
| | | | 1 | | | | | 8 |

## #190

| | | | | | | | | |
|---|---|---|---|---|---|---|---|---|
| | 8 | 3 | | | | | | 6 |
| | | | 2 | | 8 | | | 7 |
| 2 | | 4 | | | | 9 | | |
| | | | 6 | | | | | |
| | | 8 | 3 | | | 6 | | 2 |
| | | | | 4 | 2 | 8 | 9 | |
| | 3 | 6 | 9 | | 1 | | | 5 |
| | | | | | | | | |
| 1 | | 9 | 7 | 3 | | | | |

## #191

| | | | | | | | | |
|---|---|---|---|---|---|---|---|---|
| 6 | | | | | | | 5 | 1 |
| | | | | | | | | |
| | | | 8 | 2 | 6 | 9 | | |
| | | | 3 | 6 | | 4 | | |
| | 4 | | | 7 | | | 1 | 8 |
| | 2 | | | 8 | | | | |
| | | | | | 7 | | | |
| 1 | | | | | | 3 | | |
| | | | | | 1 | 2 | 4 | 6 |

## #192

| | | | | | | | | |
|---|---|---|---|---|---|---|---|---|
| 1 | | | | | | | | |
| | | 4 | 5 | | | | | |
| 7 | | 5 | | 2 | | 3 | 4 | |
| 2 | | | | | 9 | 1 | | |
| 3 | | | | | | 2 | | 6 |
| | 4 | | | | | | | |
| | 1 | 6 | | 4 | | | | 5 |
| 9 | | | | 5 | 6 | | 1 | |
| | | | | 7 | 2 | | | 8 |

## #193

| | | | | | | | | |
|---|---|---|---|---|---|---|---|---|
| 6 | 3 | | 5 | 2 | 7 | | 9 | |
| | 2 | 8 | 3 | | | 7 | 6 | 5 |
| | 7 | | | 8 | 1 | | | 2 |
| | | | | | | 2 | | |
| | | | | 5 | | | | |
| 7 | | | 9 | | | | 8 | |
| 4 | | | | | | 9 | | |
| 9 | | | 4 | | | 5 | 7 | |
| | | | | | | 1 | | 3 |

## #194

| | | | | | | | | |
|---|---|---|---|---|---|---|---|---|
| | | | | 8 | | | | 9 |
| 9 | 4 | 5 | 7 | | | | | |
| | 2 | 8 | | | | | | |
| | | 1 | 9 | | | 5 | 4 | |
| 6 | 8 | 9 | | | 4 | | | 3 |
| | | | | | | | | |
| | | | | 6 | | | 9 | |
| 4 | | | 1 | | | | 8 | |
| 5 | | | | | | 6 | 3 | 7 |

## #195

| | | | | | | | | |
|---|---|---|---|---|---|---|---|---|
| | | 5 | | 6 | | | 2 | |
| | | | | | | 4 | | |
| | | | 2 | | | | | 8 |
| 1 | | 2 | 7 | 4 | 5 | | 3 | 9 |
| | | 9 | 3 | | | 1 | | |
| 3 | | 4 | | | | | | |
| | 2 | | | 3 | 1 | 7 | 5 | |
| 4 | | | | | | | 6 | |
| | | | | | 7 | | | 2 |

## #196

| | | | | | | | | |
|---|---|---|---|---|---|---|---|---|
| | | | 4 | | | 8 | 2 | |
| 9 | | 8 | 6 | | | 1 | | |
| | | | | | | 9 | | |
| | | | 5 | | | | 6 | |
| | | | | | 3 | | | |
| 4 | | | 2 | 9 | | | | |
| | | 7 | 1 | 6 | | | 9 | 3 |
| 6 | 3 | 2 | 9 | | 5 | | | 1 |
| | | 9 | 8 | | | 6 | | 2 |

## #197

| | | | | | | | | |
|---|---|---|---|---|---|---|---|---|
| 8 | 2 | 7 | | | | | | |
| 9 | | | | | | | | 6 |
| | | | | | | | 2 | |
| | 9 | 4 | | 8 | | | | |
| | | | | | 5 | | | 7 |
| | | 5 | 3 | | | | 6 | 1 |
| 1 | | | 2 | 7 | 9 | 6 | | |
| | 8 | | | | | 2 | | |
| | | | | | 3 | | 1 | 9 |

## #198

| | | | | | | | | |
|---|---|---|---|---|---|---|---|---|
| 1 | | | | 3 | | | 4 | |
| | | | | | | 2 | | |
| | 2 | | 9 | | 6 | 7 | 1 | |
| 6 | | | | | | | 7 | 3 |
| | 4 | | 7 | | 5 | 9 | | |
| | | | | | | | | |
| | | | | 7 | 9 | 8 | | |
| 4 | 8 | 5 | | | | | | |
| | | 9 | | | | | | 5 |

## #199

| | | | | | | | | |
|---|---|---|---|---|---|---|---|---|
| | | | 5 | 3 | | | | 7 |
| | 4 | | | | | 1 | | |
| | | | | | 8 | | | |
| | | | 6 | | 9 | | 3 | 2 |
| | 9 | 4 | | 2 | | | | |
| 7 | | | | | | | | |
| | | 8 | | | 1 | 4 | | |
| 6 | 5 | | | | | 2 | 9 | 8 |
| | | | | | | | | 6 |

## #200

| | | | | | | | | |
|---|---|---|---|---|---|---|---|---|
| | 3 | 2 | 6 | 5 | | | | |
| | | | | | | | | |
| | | | | 4 | | 8 | | 6 |
| 4 | | | | 8 | | 7 | 1 | |
| 3 | 8 | 1 | | | | | | |
| | | 9 | | | | | | 2 |
| | 1 | | 4 | | | | | 9 |
| | 7 | 8 | 3 | 9 | 6 | 1 | 4 | |
| | | | | | | | | |

## #201

| | | | | | | | | |
|---|---|---|---|---|---|---|---|---|
| 3 | 9 | | | | | | | 1 |
| | | | 8 | 2 | | 7 | | |
| 7 | | 5 | 1 | 9 | 3 | | | 4 |
| | 5 | | | | | | 1 | |
| 8 | | 7 | 5 | 6 | | | | |
| | | 4 | | | | 5 | | 7 |
| | | | 9 | | | | 7 | |
| | | 9 | | 1 | | | | |
| | 4 | | 3 | | | 6 | | |

## #202

| | | | | | | | | |
|---|---|---|---|---|---|---|---|---|
| | 7 | | | 3 | 5 | | 6 | |
| 9 | | | | | | | 8 | |
| 1 | | | 6 | | | | | |
| | 4 | | | | | | 5 | |
| | | | | | 8 | 6 | | 1 |
| 2 | | | | | 1 | 7 | 3 | |
| | | | | | 7 | | | 3 |
| | | 7 | | 9 | | | | |
| 5 | | 2 | | | 6 | | | 9 |

## #203

| | | | | | | | | |
|---|---|---|---|---|---|---|---|---|
| 5 | | 7 | 2 | | 1 | | 8 | |
| | 3 | | | | | | | |
| 1 | 8 | 6 | | | | | | |
| | | | | | 8 | 5 | 3 | |
| | | 8 | 9 | | | | 6 | 7 |
| | | | | 4 | | | | 8 |
| | | | | | | | | 1 |
| 2 | 7 | 5 | 1 | | | | | |
| | | | | 3 | 5 | 2 | 9 | 6 |

## #204

| | | | | | | | | |
|---|---|---|---|---|---|---|---|---|
| | 1 | | | | 9 | | | 2 |
| | 4 | 3 | | | 2 | | | 7 |
| 5 | | 9 | | | 4 | | | |
| | | 7 | | | | | 9 | |
| 3 | | | | | | | | 1 |
| | | | | 5 | 6 | 8 | 7 | |
| | | 8 | 9 | | | | | |
| | | | | | | | | |
| | | | 2 | 3 | | | 5 | 8 |

## #205

| | | | | | | | | |
|---|---|---|---|---|---|---|---|---|
| | 4 | | | 1 | | | 7 | |
| | | | 5 | | | | | |
| 8 | 2 | | | | | 4 | | |
| | | | | 9 | 5 | 7 | 3 | |
| | | 9 | | 3 | 6 | 2 | | |
| 6 | | 2 | | | | 5 | | 8 |
| | | | 4 | 7 | | | | |
| 3 | | | | | 1 | | | |
| | | 8 | | | 3 | 9 | | |

## #206

| | | | | | | | | |
|---|---|---|---|---|---|---|---|---|
| 2 | 8 | | 4 | 3 | 9 | | | |
| | | 3 | 1 | 6 | | | | |
| | | | | | | | | 9 |
| | | | | | | | | |
| | 9 | | 2 | | 3 | 8 | 4 | |
| | 4 | 6 | 8 | | | | | 2 |
| 8 | | | | 5 | | 3 | | |
| | | | | 1 | 8 | | | |
| 1 | | | | | | 6 | | 8 |

## #207

| | | | | | | | | |
|---|---|---|---|---|---|---|---|---|
| | 2 | 7 | | 8 | | | | 5 |
| | | | | | | | 7 | 3 |
| | | 9 | | | | | 8 | |
| | 5 | 2 | | 4 | | | | |
| 1 | | | 6 | | | | | |
| | | | | 2 | 9 | 8 | | |
| | | | | | 8 | 2 | | 4 |
| | 3 | | | | | | | |
| 8 | | | 9 | | | 1 | | |

## #208

| | | | | | | | | |
|---|---|---|---|---|---|---|---|---|
| 9 | 3 | 1 | 5 | | | | | |
| | | | | | 3 | | 8 | |
| | | | | | 2 | | 3 | 1 |
| 1 | | | | | | | | |
| | 2 | 7 | 3 | 8 | | | 5 | |
| 8 | | | | | | 9 | | |
| | | | | | | | | |
| | 5 | | | | 6 | 4 | | |
| 6 | | 9 | | 7 | | 8 | | |

## #209

| | | | | | | | | |
|---|---|---|---|---|---|---|---|---|
| | | 8 | 1 | | 6 | | 7 | |
| 1 | | 4 | | 2 | 3 | 5 | | |
| | | | | | | | | |
| | | | | 6 | 7 | | | 3 |
| 3 | | 1 | 4 | 5 | 9 | | 8 | |
| | | | | | | 9 | | |
| 7 | | 6 | | | | | 9 | 5 |
| | 4 | | | | | | | |
| | | | | | | 1 | | 6 |

## #210

| | | | | | | | | |
|---|---|---|---|---|---|---|---|---|
| | | 3 | 4 | | | | | 2 |
| 9 | 5 | 1 | 3 | 6 | 2 | 4 | | |
| 4 | | | 9 | | | | | |
| 5 | 6 | | | 4 | | | | 7 |
| | | | 6 | | | | | |
| | | | | | 8 | 5 | 4 | |
| 6 | | | | | | | | |
| | | | 7 | 9 | | | 3 | |
| 7 | | | | | | | 5 | 1 |

## #211

| | | | | | | | | |
|---|---|---|---|---|---|---|---|---|
| | | | 4 | | | | 6 | 5 |
| | | | | 2 | | 8 | | |
| 9 | 3 | 8 | | | 5 | | 4 | |
| | | 7 | 8 | 1 | | 4 | | |
| | | | | | | | | |
| 6 | | 5 | 2 | | | | | |
| 4 | | | | | | | | 1 |
| | | | | 3 | 9 | | 2 | |
| | | | | | | 5 | | 6 |

## #212

| | | | | | | | | |
|---|---|---|---|---|---|---|---|---|
| 7 | 4 | | | | 9 | | | |
| | | | | | | | 2 | |
| 9 | | 5 | | 1 | 4 | 3 | | |
| | | | | | | | | 5 |
| | | | | | | | | |
| | | 7 | | 5 | 8 | 1 | | |
| | 5 | 8 | 3 | | | | 4 | |
| | 6 | | 8 | | | | | |
| 1 | 7 | | 9 | 6 | | | | 8 |

## #213

| | | | | | | | | |
|---|---|---|---|---|---|---|---|---|
| | | | | | 4 | 2 | 5 | |
| 1 | 4 | 2 | | | | | | |
| | | | | | 6 | | | 1 |
| 6 | 3 | | 1 | | 7 | | | |
| | | | | 2 | | 4 | 8 | |
| | | | | | | | | |
| 2 | | | 5 | 8 | 1 | | | |
| | 6 | | | 3 | | | | |
| | 8 | 3 | | | | | | 7 |

## #214

| | | | | | | | | |
|---|---|---|---|---|---|---|---|---|
| | | | | | | | | |
| | | | | | 7 | 9 | 4 | |
| 8 | 7 | | | | 9 | 2 | 1 | |
| 7 | 8 | | 2 | | | | 3 | |
| 2 | | 1 | 3 | 5 | 4 | | | 8 |
| | 4 | 5 | | 6 | | | | |
| | | | | | 2 | 8 | | 6 |
| 9 | 2 | | | 8 | | | | |
| | | | | | | | | 9 |

## #215

| | | | | | | | | |
|---|---|---|---|---|---|---|---|---|
| | 2 | | 9 | | | | | |
| | 4 | | | 3 | | | 8 | 2 |
| 5 | 3 | 8 | 4 | 2 | 7 | 9 | 1 | 6 |
| | | | | | | 1 | | |
| | | 2 | | 1 | | | 3 | |
| | 6 | 3 | | 4 | | | | |
| 6 | | | | | | | | |
| | | | | | | 5 | 2 | |
| | 1 | | | 8 | | | | 4 |

## #216

| | | | | | | | | |
|---|---|---|---|---|---|---|---|---|
| | | | 7 | 5 | | | | 9 |
| 4 | 2 | | 6 | 9 | | | | |
| 7 | | | | | | | | 3 |
| | 4 | | 8 | | 1 | | | |
| | | | 3 | | | | 6 | |
| | | | | 4 | | 9 | 7 | 1 |
| | | | | 1 | | | | |
| 9 | | | | | | 8 | | |
| 3 | 8 | | | | | | 5 | |

## #217

| | | | | | | | | |
|---|---|---|---|---|---|---|---|---|
| 3 | 8 | 7 | 5 | | 4 | 6 | | |
| 2 | | | | | | | | |
| 5 | | | 2 | 6 | 8 | | 1 | 7 |
| | | | | | | | | 5 |
| | 5 | | 3 | 9 | | | | |
| 8 | | | | 2 | | | 9 | |
| | | | | 3 | 2 | 9 | | |
| | | | | | | | | |
| | 6 | | 1 | 8 | | 2 | | 4 |

## #218

| | | | | | | | | |
|---|---|---|---|---|---|---|---|---|
| | | | | | | | | 4 |
| | | 7 | 3 | | | 9 | 1 | |
| 4 | | | | 9 | | 3 | | |
| | 8 | 2 | | 4 | 5 | | 9 | 3 |
| 7 | 6 | 9 | | | | | 4 | |
| | | | | 2 | | | | |
| | 7 | | | | | | | |
| | 3 | | 1 | 8 | 7 | | | 5 |
| | | | | 3 | 9 | | | 1 |

## #219

| | | | | | | | | |
|---|---|---|---|---|---|---|---|---|
| | | | | | | 5 | | |
| 5 | | | 6 | 9 | | | 4 | |
| 9 | | | 7 | | 1 | | 6 | |
| | | 3 | 1 | | | 4 | | |
| | | | | | | | | |
| | | 2 | 8 | | 6 | 7 | | |
| | 8 | 4 | | 7 | 9 | | | |
| | | | | | | | | |
| 7 | 2 | 5 | 4 | | | | | |

## #220

| | | | | | | | | |
|---|---|---|---|---|---|---|---|---|
| 9 | | | | | 5 | | 1 | |
| | | 3 | | 1 | | 4 | | |
| | 7 | 1 | | | | 9 | 5 | |
| 2 | 1 | | 7 | | | | | 3 |
| | | | | 2 | 6 | | | |
| | | 4 | | | | | | |
| | | | 9 | 3 | 4 | | 2 | 8 |
| 7 | 8 | | | | | | | |
| | | | | | 7 | 1 | | |

## #221

| | | | | | | | | |
|---|---|---|---|---|---|---|---|---|
| | | | 5 | 2 | | 9 | | |
| 1 | | | | | 8 | | | |
| 8 | | | | | | | | |
| | 5 | | | | | | 8 | |
| 9 | 3 | | 4 | 7 | | | | 5 |
| 2 | | 4 | 9 | | | | 7 | |
| | | | | | 2 | 7 | | |
| | | 1 | 6 | | | | 4 | |
| | | 9 | 7 | | | | | 1 |

## #222

| | | | | | | | | |
|---|---|---|---|---|---|---|---|---|
| 9 | | | | 1 | 8 | 6 | | |
| | 2 | 8 | 9 | | | | | |
| | 5 | 7 | | | | | 9 | |
| | | | | | 4 | | 5 | |
| | | 2 | | 9 | | 8 | 1 | 6 |
| | 6 | | 1 | 7 | | 9 | | |
| 4 | | | 5 | | | 3 | | |
| | 9 | | | | | | | |
| | | | | 6 | | | | 4 |

## #223

| | | | | | | | | |
|---|---|---|---|---|---|---|---|---|
| | | | 5 | 6 | | | 8 | 7 |
| | | | | 1 | 8 | | 2 | |
| 4 | | | | 2 | | | | |
| | | | | | | | | |
| | 2 | | | | 3 | 1 | 6 | 9 |
| | | | 7 | | | 3 | 5 | 8 |
| 1 | | | 4 | 8 | | 7 | | |
| | 9 | | | | | | | |
| 5 | 8 | | | | | | | |

## #224

| | | | | | | | | |
|---|---|---|---|---|---|---|---|---|
| 6 | 3 | 1 | | 2 | 4 | | 5 | 9 |
| 2 | | | | | | | | |
| | | | | | | | 6 | |
| 7 | | | | | 6 | | 1 | 4 |
| 8 | | | | | | | | |
| | 5 | | 4 | | | 7 | | |
| | | | | | 2 | | 9 | |
| 3 | 4 | | 5 | | 1 | | | |
| | | 8 | | | | | 7 | 5 |

## #225

| | | | | | | | | |
|---|---|---|---|---|---|---|---|---|
| 8 | | | | | | 6 | | |
| | 6 | 5 | | | | 4 | 1 | |
| | | 9 | 3 | | | | | |
| | | | | 1 | 2 | 8 | | |
| | 5 | | 7 | | | | 6 | |
| 2 | | | | 9 | | 7 | | |
| | | | | | | | 2 | 4 |
| | | | 6 | 5 | | | | |
| 9 | | 3 | 2 | 7 | | | | 6 |

## #226

| | | | | | | | | |
|---|---|---|---|---|---|---|---|---|
| | 7 | | | | | | 1 | |
| | | | 1 | 6 | 5 | 9 | | |
| | | | | | | 3 | | 4 |
| | | | | 1 | 2 | 4 | | |
| | 9 | | | | | | | |
| 7 | | 3 | | | | | | 6 |
| | | | 5 | | | | 3 | 7 |
| 1 | 5 | | | | | | | |
| | 3 | 7 | | 9 | | 6 | | 2 |

## #227

| | | | | | | | | |
|---|---|---|---|---|---|---|---|---|
| 3 | 5 | | | | | 2 | | 4 |
| 2 | | | 3 | 1 | | | | |
| | 4 | 7 | | | | | | |
| 5 | | | | | 7 | | 2 | |
| | | | | 3 | | | | |
| | 8 | | | | | 6 | | 3 |
| | | | 6 | 4 | | 3 | | 5 |
| | | | | | 2 | 4 | | 6 |
| | | 6 | 7 | | | | | |

## #228

| | | | | | | | | |
|---|---|---|---|---|---|---|---|---|
| 8 | | | | | 3 | | | |
| | | 1 | | | | 2 | | 6 |
| | 9 | | | | 6 | | | 7 |
| 7 | | 6 | | | 2 | 9 | | |
| | | | 7 | | | | 5 | |
| 9 | | | 8 | | | | 4 | 2 |
| 3 | | | 9 | 5 | | | | |
| | | | | 1 | | | | 4 |
| | | | | | | | | |

## #229

| | | | | | | | | |
|---|---|---|---|---|---|---|---|---|
| | 6 | | 4 | | 9 | | | |
| | | | | | 8 | | | 9 |
| 8 | | | | | | | 3 | 6 |
| | | 3 | | 1 | | | 2 | |
| 6 | 2 | | | | | | | 8 |
| | | | 2 | 6 | | | 4 | |
| 4 | | 8 | | | | | 1 | |
| | 1 | 2 | | | 4 | | | 5 |
| | | | | | | | | |

## #230

| | | | | | | | | |
|---|---|---|---|---|---|---|---|---|
| 7 | | | 4 | | 2 | | 9 | |
| | 5 | 4 | | | | | | |
| | | | | 8 | | 4 | | 2 |
| | | 7 | 5 | | | 9 | 6 | 3 |
| 6 | | | | | | 5 | | |
| | | | 8 | | | | | |
| 3 | | | | | | | | |
| | 1 | | | | 7 | 8 | | |
| | | | 3 | 9 | 1 | 6 | | 4 |

## #231

| | | | | | | | | |
|---|---|---|---|---|---|---|---|---|
| 2 | 5 | | 1 | 3 | | | | 4 |
| | | | | | | | | |
| | | | 4 | | | 5 | 2 | 1 |
| 6 | | | | | | 8 | | |
| | | 4 | 9 | | 8 | 6 | | |
| 3 | | | | | | | 1 | 5 |
| 5 | | 6 | | 2 | 4 | | | 3 |
| | | | | | | | | |
| | | | | 7 | 6 | | 5 | 8 |

## #232

| | | | | | | | | |
|---|---|---|---|---|---|---|---|---|
| | 8 | 5 | 1 | | | 2 | | 6 |
| | 9 | 3 | | 8 | | | | |
| | | | | | | | | |
| | | | | | | | | |
| | 1 | | 5 | 9 | 8 | 4 | | 7 |
| | | 6 | | | 4 | 3 | 1 | 9 |
| | 3 | 8 | 9 | 4 | 2 | | | |
| 7 | | | | 6 | | | | |
| | | | | | | | 9 | |

## #233

| | | | | | | | | |
|---|---|---|---|---|---|---|---|---|
| 3 | | | 7 | | | | | |
| | | 5 | | | | | | |
| 2 | | | | 6 | | 7 | 5 | 8 |
| | | 9 | 2 | 1 | 5 | 3 | 7 | |
| | | | | 3 | | | | |
| 4 | 2 | | 8 | | | | | |
| | | | | | 3 | 8 | | |
| 5 | | 7 | | | 8 | 6 | | |
| | | | | | | 9 | 1 | 7 |

## #234

| | | | | | | | | |
|---|---|---|---|---|---|---|---|---|
| | | 2 | | | | | 9 | |
| | | | | | | 1 | | |
| | | 6 | | | 3 | | 4 | 8 |
| 6 | 9 | 4 | | 3 | | | | |
| | 3 | | 9 | 1 | | 7 | | |
| | | 1 | | 6 | 4 | | | |
| | | 3 | | | | | | |
| 7 | 5 | | | | | 8 | 2 | 1 |
| | | | | | | | | 5 |

## #235

| | | | | | | | | |
|---|---|---|---|---|---|---|---|---|
| 2 | 5 | 9 | 4 | 1 | | | 3 | 8 |
| | | | | 5 | | | | |
| | | | | 8 | | | | 2 |
| | 7 | 1 | | | 6 | | | |
| 9 | 6 | | | | | | | 3 |
| | 8 | | | | | | 7 | |
| | | 3 | | | 1 | 2 | 6 | 7 |
| 8 | | | | | | | | |
| | 2 | | | 6 | | 5 | | 1 |

## #236

| | | | | | | | | |
|---|---|---|---|---|---|---|---|---|
| | | | | | | | 7 | 1 |
| | | 4 | 8 | | | | | |
| 9 | 5 | | | | | | 3 | 8 |
| | 8 | | | 7 | 6 | | | |
| | | | | | | | 1 | 9 |
| | 2 | | | 4 | 9 | | 8 | 5 |
| | | | 2 | | | | | |
| 4 | | 7 | | | | | | |
| | | 3 | | | 4 | 5 | 9 | |

## #237

| | | | | | | | | |
|---|---|---|---|---|---|---|---|---|
| | | | | 5 | | | | |
| 1 | | | | | | 6 | 4 | 7 |
| | | | | 8 | | 1 | | 3 |
| | 4 | 7 | 2 | | | | | |
| | 6 | | | | 7 | | | 4 |
| | 9 | 2 | | | 3 | 8 | | 6 |
| 2 | 7 | | | | | | 9 | |
| | | | | | 9 | | | |
| 9 | | | | | 1 | 7 | | 8 |

## #238

| | | | | | | | | |
|---|---|---|---|---|---|---|---|---|
| | | | | | | | | |
| 2 | | 1 | | | | | 6 | 8 |
| | | | | 5 | 7 | | | |
| | | | | | 8 | | 9 | 4 |
| 7 | 2 | | | | | 3 | | |
| 6 | 9 | | | | | | 1 | |
| | 6 | 3 | | 2 | | | | 5 |
| 5 | | | 7 | 8 | | | 3 | |
| | 8 | | | | | | | 1 |

## #239

| | | | | | | | | |
|---|---|---|---|---|---|---|---|---|
| 7 | | | | 5 | | | | |
| | 6 | 4 | | | | 9 | | 3 |
| 8 | | | 6 | 1 | | | | |
| | | | 7 | 6 | 1 | | 9 | 5 |
| 6 | | | | 3 | | 8 | | 4 |
| | | | | | | | | 6 |
| | 7 | | 5 | | 3 | | 2 | |
| | | | | | 7 | | | |
| 3 | 5 | 2 | 1 | | | | | |

## #240

| | | | | | | | | |
|---|---|---|---|---|---|---|---|---|
| 6 | | 2 | | 5 | | 9 | | |
| | | | | | | | 7 | 5 |
| | | 4 | 3 | 1 | | | | |
| | | | | 7 | 2 | | 4 | |
| | 7 | | 6 | | | 5 | 8 | |
| 1 | | | | | | | | |
| | | | | | | 8 | | 1 |
| | | 6 | 4 | | | | | |
| | | | | | 6 | | | 4 |

## #241

| | | | | | | | | |
|---|---|---|---|---|---|---|---|---|
| | | | 3 | | | 8 | | |
| | | | | 7 | 6 | | | |
| | | | 8 | | | | 6 | 2 |
| 5 | | | 4 | 9 | 8 | | | |
| | 1 | | | | | | | |
| 2 | 9 | | | | 5 | 3 | | |
| | | 1 | | 4 | | 2 | 3 | |
| | | 7 | | | | | | 6 |
| 4 | | | | 1 | 3 | | 5 | 9 |

## #242

| | | | | | | | | |
|---|---|---|---|---|---|---|---|---|
| 7 | 6 | | 8 | | 1 | 5 | 3 | |
| | | | | | | | | |
| | 4 | 1 | | | | 2 | 7 | |
| 5 | | | | | | 1 | | |
| | | | 2 | | | | | 7 |
| 1 | | | 3 | | 6 | 9 | | |
| | | | | | | 4 | | 5 |
| | 2 | | | 8 | | 3 | 1 | 6 |
| 6 | 1 | | | | | | | 9 |

## #243

| | | | | | | | | |
|---|---|---|---|---|---|---|---|---|
| | 9 | | | | 2 | | | 6 |
| | 8 | | | | 6 | | 4 | |
| 7 | | 4 | | | 9 | | | |
| | 7 | 8 | | | | | | 5 |
| 1 | | | | | | | 7 | 2 |
| 2 | | | | | | | | |
| | | | | 9 | | | | |
| 8 | | | | 6 | 1 | 7 | 5 | |
| | | 7 | 4 | | | | 9 | 1 |

## #244

| | | | | | | | | |
|---|---|---|---|---|---|---|---|---|
| | 1 | | | | 2 | | 9 | 4 |
| 5 | 7 | | | 8 | | | | |
| | | | | 3 | | 7 | 2 | |
| | | | 5 | | | | | |
| | | | 6 | 9 | 4 | 2 | | |
| 9 | | 1 | | | | 5 | | |
| | | | | | | | | 1 |
| 1 | 2 | | | | | | 3 | |
| | 4 | 5 | | | | | | |

## #245

| | | | | | | | | |
|---|---|---|---|---|---|---|---|---|
| | 8 | | | 1 | | | 6 | 4 |
| | 1 | | | 4 | 3 | | 8 | 7 |
| | | 4 | | 8 | 2 | | | |
| | | | | 6 | | | | |
| | | | | 7 | | 9 | 5 | |
| 6 | | | | 5 | 1 | | 3 | 2 |
| 4 | 3 | | | | | 5 | | 1 |
| | 7 | | | | | | | |
| | | 2 | | | | | | |

## #246

| | | | | | | | | |
|---|---|---|---|---|---|---|---|---|
| 8 | 9 | 5 | | | | | | |
| | | | | | | | 5 | 6 |
| 3 | | | | | | | 9 | 2 |
| 2 | | | 4 | | | | | 1 |
| 7 | | | 9 | | | | | |
| | | | | 6 | | 4 | | |
| 4 | 2 | | 3 | 5 | 7 | | 6 | |
| | | | 6 | | | | | |
| | | | | | 9 | 3 | 1 | 4 |

# #247

| | | | | | | | | |
|---|---|---|---|---|---|---|---|---|
| | | | 6 | 7 | | | 1 | |
| 3 | | | | 4 | | | 7 | 9 |
| | 7 | 5 | 9 | | 3 | 2 | 4 | |
| | | 1 | 8 | 6 | | | 3 | |
| 5 | | 7 | 3 | 1 | | | | |
| | | | | | | | | |
| | | | | | | 6 | | |
| | | | | | | | | 1 |
| 8 | | 2 | | | 1 | 3 | | 7 |

# #248

| | | | | | | | | |
|---|---|---|---|---|---|---|---|---|
| | | | | | | | 8 | |
| | | 1 | | | 9 | 5 | | |
| 3 | | | 4 | 5 | | 2 | | |
| 6 | | | | | 2 | | | |
| | | 4 | 6 | | 5 | | | |
| | | 7 | | | 3 | 8 | 6 | |
| 7 | 9 | 8 | 2 | | | 6 | 1 | |
| | | | | | | | | 9 |
| | 2 | | 7 | | | | | |

# #249

| | | | | | | | | |
|---|---|---|---|---|---|---|---|---|
| 4 | 8 | 9 | 6 | | | | | 5 |
| | 2 | | 4 | | 5 | | | |
| 1 | | | 3 | | 8 | | | |
| | | | 5 | 6 | | | | 2 |
| 7 | | | | 4 | | 8 | | |
| | | 1 | 8 | | | 9 | | |
| | | | | | | | | 4 |
| | | | | | | 2 | | |
| 8 | 6 | 4 | 2 | | | | | 3 |

# #250

| | | | | | | | | |
|---|---|---|---|---|---|---|---|---|
| | | | | | 6 | | | |
| | | 6 | | | | 9 | | |
| | | 3 | 8 | 1 | | 4 | | 5 |
| | | 7 | 6 | | | 1 | | 3 |
| 2 | | | 1 | | 5 | | | |
| | | 1 | 2 | 8 | 7 | | | |
| | 8 | 5 | 3 | | | | | 9 |
| | 4 | | | | 8 | | | |
| | | | 5 | 7 | | | | 4 |

# #251

| | | | | | | | | |
|---|---|---|---|---|---|---|---|---|
| | | | 4 | | | | | |
| | 4 | | 1 | 7 | 5 | 9 | 8 | 6 |
| 6 | 5 | | | | | | | 1 |
| 1 | | 6 | 3 | | | | | |
| | | 7 | 8 | | | 5 | | |
| | | | | | | | 6 | |
| 8 | | | | | | | | 2 |
| | | 4 | | 1 | | | 9 | |
| | 9 | | 5 | 2 | | | | |

# #252

| | | | | | | | | |
|---|---|---|---|---|---|---|---|---|
| | | 7 | | | 5 | 4 | | |
| | | | | | | | | 5 |
| 9 | | | | 3 | 6 | 1 | | |
| 6 | 1 | | 7 | | | | 5 | 4 |
| | 9 | 8 | | 5 | | | 1 | |
| | | | | 2 | | | | |
| | | 9 | | 7 | | 6 | | |
| | | | | | 2 | 5 | 4 | |
| 8 | 6 | 5 | | | | | 3 | 2 |

## #253

| | | | | | | | | |
|---|---|---|---|---|---|---|---|---|
| | | | | 6 | 5 | | 1 | 7 |
| | 4 | | 2 | | | 6 | | |
| | | 6 | 3 | | 4 | 8 | | |
| 8 | 5 | | | 3 | | | 4 | 1 |
| 6 | | | 1 | | 9 | 2 | | |
| | | | | | | | | 3 |
| 4 | 2 | | | 9 | | | | |
| | | | | | 8 | | | |
| 7 | 1 | | | | | | | 6 |

## #254

| | | | | | | | | |
|---|---|---|---|---|---|---|---|---|
| 6 | 2 | | 8 | 4 | 3 | | | |
| | | | | | | | | |
| | | | 1 | 6 | | | | 4 |
| | | 2 | | | | | | |
| 8 | 1 | | | | | | | 7 |
| 7 | | | | 3 | 9 | | 8 | |
| | | | | | | | | 6 |
| 9 | | 4 | | | | 2 | | |
| 5 | 3 | 6 | 2 | | 4 | | | 1 |

## #255

| | | | | | | | | |
|---|---|---|---|---|---|---|---|---|
| 3 | | | | | | | | |
| | | 6 | | | | | | 4 |
| 2 | 4 | | | 8 | | 1 | 5 | 9 |
| | | | | | 7 | | | |
| 4 | | 9 | 8 | 5 | | | | |
| | | | | | 9 | 7 | | |
| | | | | 9 | 4 | | | 5 |
| 8 | 9 | 2 | 5 | 3 | | | 6 | |
| | | | | | | | | 3 |

## #256

| | | | | | | | | |
|---|---|---|---|---|---|---|---|---|
| 7 | 9 | 4 | | | | | | |
| | | | | 3 | 2 | | | 5 |
| 5 | | | | 1 | | | | |
| | | | | | 4 | 5 | 8 | 6 |
| 1 | 8 | 6 | 3 | | | | | |
| | | | | | | | | 1 |
| | | | | 5 | | 7 | 9 | |
| | 5 | | | | 8 | | 3 | |
| | 3 | | 2 | | | 6 | 5 | 8 |

## #257

| | | | | | | | | |
|---|---|---|---|---|---|---|---|---|
| | | | 5 | | | 3 | 9 | |
| | | 7 | | 9 | | | | |
| 6 | | | | | | 1 | | |
| 9 | | | | | | | 2 | 4 |
| | | | | 8 | | | | |
| | 5 | 1 | 7 | | | | 8 | 9 |
| | | | 4 | | | | | |
| 7 | | | 9 | 6 | | | | |
| | | 4 | 2 | 7 | | | 1 | 6 |

## #258

| | | | | | | | | |
|---|---|---|---|---|---|---|---|---|
| | | 9 | 7 | 3 | 8 | | | |
| | | 2 | | | | | | 3 |
| 4 | | | 6 | | | 7 | | 1 |
| | | | | | | | | |
| | | | | 4 | | 2 | 7 | |
| | 7 | 6 | 1 | | | | | |
| | | | 5 | | | | | |
| | | | | | 6 | 3 | 5 | 8 |
| 5 | 6 | | 3 | | | 1 | 9 | 7 |

## #259

| | | | | | | | | |
|---|---|---|---|---|---|---|---|---|
| | | 9 | 4 | 6 | | | | |
| | | | | | | | | 1 |
| | 3 | | | 1 | 5 | | 4 | |
| 7 | | | | | | 4 | | 5 |
| 8 | | | 7 | | | | | |
| | 4 | 1 | | | | | | |
| | 2 | | 1 | | | | | 6 |
| 6 | | | | 3 | 2 | | 5 | |
| 1 | | | | 5 | | | | 8 |

## #260

| | | | | | | | | |
|---|---|---|---|---|---|---|---|---|
| | 5 | 7 | | 3 | | | 2 | |
| 8 | 2 | 6 | 4 | | | | | |
| | | | | 7 | | | | 5 |
| | | | | 9 | | | | |
| | 1 | 8 | | | 6 | | | |
| 4 | | 9 | 7 | 1 | | | | |
| | | | | | | | 1 | 3 |
| 9 | | 1 | 3 | | | | | |
| | 6 | | | | | 5 | | 9 |

## #261

| | | | | | | | | |
|---|---|---|---|---|---|---|---|---|
| | | | | | 4 | 1 | | 5 |
| 1 | | 6 | | | | | | |
| | 9 | 3 | | | 1 | 7 | 2 | |
| | | 1 | | 4 | | | | 9 |
| 7 | | | | | | 2 | | |
| 2 | 4 | | 3 | | 6 | | | |
| | | | | | | | | |
| | | | | 5 | | | | 1 |
| | | 2 | 6 | | 3 | | 7 | |

## #262

| | | | | | | | | |
|---|---|---|---|---|---|---|---|---|
| | | | 1 | 2 | 3 | 4 | 6 | |
| 4 | 3 | 2 | | | | 8 | | |
| 6 | | 1 | | | | | | 5 |
| 9 | | | | | | 5 | | |
| | | | 9 | | 8 | | | |
| | | | 3 | 1 | 5 | | 7 | |
| | 6 | 4 | | | | | | |
| | | 3 | | 6 | | | 8 | |
| | | | | | 2 | | 4 | 3 |

## #263

| | | | | | | | | |
|---|---|---|---|---|---|---|---|---|
| 3 | 9 | | | | | 1 | 4 | |
| 1 | 2 | | | | | | | |
| 5 | | | 3 | | | | | |
| | | | | | 6 | 8 | 5 | |
| 2 | 5 | | | | 8 | 3 | 9 | 7 |
| | | | | | | | | |
| | | | 8 | | 5 | | | |
| | | 2 | | 4 | | 6 | | |
| 7 | | | | | 2 | | | 9 |

## #264

| | | | | | | | | |
|---|---|---|---|---|---|---|---|---|
| | 8 | | | 3 | 4 | | | 7 |
| 4 | 6 | | 2 | | 8 | 9 | | |
| | 1 | | | | 9 | 8 | | |
| 6 | 7 | | 8 | 5 | | | | |
| | | | | | | | 3 | 1 |
| | 5 | 1 | | | | | | |
| | | | | | | 4 | | |
| 5 | | | | | 3 | | 6 | |
| 7 | | 2 | | | | | | |

## #265

| | | | | | | | | |
|---|---|---|---|---|---|---|---|---|
| | 1 | | 3 | 8 | 2 | 7 | | |
| | | 7 | | | | | | |
| | | | | 9 | | | 4 | |
| | | | | | | | 1 | |
| 2 | | | 9 | | | | | 3 |
| | 3 | 4 | | 2 | 5 | | 6 | |
| | | | | | | | | |
| | | | | | 6 | | | 1 |
| | | 6 | 4 | 3 | 7 | | 8 | 2 |

## #266

| | | | | | | | | |
|---|---|---|---|---|---|---|---|---|
| | 6 | 2 | 3 | | | | 5 | 8 |
| | | | | | 1 | | | |
| | 1 | 9 | | 8 | | | | |
| 5 | | | | 6 | | | | |
| 6 | 7 | | 9 | | | | | |
| | 2 | | | | 5 | 8 | | 9 |
| | | | 8 | | 4 | 5 | | 6 |
| | 5 | | | 3 | 7 | | | 1 |
| | | | | | | 7 | | 3 |

## #267

| | | | | | | | | |
|---|---|---|---|---|---|---|---|---|
| 3 | 8 | | | | | | | |
| | 9 | | 5 | | | 7 | | 6 |
| | 4 | | | | | 8 | 9 | |
| | 6 | 8 | 2 | | | | 3 | 4 |
| 1 | 5 | | 6 | | | 9 | 7 | 2 |
| | | | | | | | | |
| | | | 7 | 1 | | | 2 | |
| | | | | 2 | 9 | | | |
| | | | | 4 | | | 8 | 7 |

## #268

| | | | | | | | | |
|---|---|---|---|---|---|---|---|---|
| | 7 | | | 1 | 9 | 8 | 3 | 2 |
| | 8 | 5 | | | | | | 7 |
| 2 | 1 | | 8 | | | | | |
| | | | | | 6 | 2 | | |
| | | | | | | | | |
| 8 | | | 2 | | | | 9 | 5 |
| | | | 9 | 8 | 1 | | | 3 |
| 1 | | 4 | 3 | | | 5 | 8 | 6 |
| 3 | | | | | | | | |

## #269

| | | | | | | | | |
|---|---|---|---|---|---|---|---|---|
| 1 | | | | 3 | 6 | | 9 | |
| | 9 | | | 1 | 8 | | | |
| | | | | 5 | | | 7 | 2 |
| 6 | | | | | 9 | | | |
| | 3 | 2 | | | | | 8 | 9 |
| | | | | | | 3 | 5 | |
| 3 | 5 | | 4 | 8 | 1 | | | |
| | | | | | | | | 5 |
| | | | | 2 | | | | 4 |

## #270

| | | | | | | | | |
|---|---|---|---|---|---|---|---|---|
| | 9 | | 4 | 7 | | 6 | 8 | |
| | 2 | 7 | 1 | | | | | |
| | 4 | | | 3 | | | | |
| | | | | | | | | |
| | | 6 | 9 | | | | | 5 |
| | | 3 | 5 | | | | 1 | |
| 2 | | | | | 6 | 3 | | |
| | | | | 1 | 7 | 5 | | |
| | | | | | | | 7 | |

## #271

| | | | | | | | | |
|---|---|---|---|---|---|---|---|---|
| 3 | | 7 | 6 | | | | | |
| 8 | | 4 | 9 | | | | 3 | 6 |
| | | | | | | | 9 | |
| | | | | | | 2 | 8 | |
| 2 | 4 | | | | | | | |
| 6 | | | | | 3 | | 5 | |
| | | | 7 | 5 | | | | |
| | | | | 2 | | 8 | | |
| | 8 | | 3 | | 4 | | 2 | 9 |

## #272

| | | | | | | | | |
|---|---|---|---|---|---|---|---|---|
| | | 7 | | | | 9 | | 6 |
| 9 | | | | | | | 5 | |
| | | | | 4 | | | 7 | |
| | | | | | | | | |
| | | | | 7 | 3 | 1 | | |
| 1 | 7 | 8 | | | 6 | | | |
| | | 4 | 8 | 5 | | 3 | 2 | |
| | 2 | 5 | 6 | 3 | | | 8 | |
| | 1 | | | | | | | |

## #273

| | | | | | | | | |
|---|---|---|---|---|---|---|---|---|
| | 4 | 6 | 7 | | | | | |
| | 3 | | | 4 | 1 | | 2 | |
| | | | | | 9 | | 7 | 4 |
| 9 | | | | | 6 | | | |
| | | | 2 | 8 | | | 1 | |
| | 8 | | | | 4 | 7 | 6 | |
| | | | | | 2 | | | 3 |
| | | | 8 | | | 6 | 5 | 1 |
| 1 | | 3 | | | | | | |

## #274

| | | | | | | | | |
|---|---|---|---|---|---|---|---|---|
| 5 | 3 | | | 8 | | 9 | 7 | 4 |
| | | | 7 | 5 | | | | 3 |
| | | 9 | | | | | | |
| | 4 | | | 1 | | | 6 | |
| | 5 | | | 3 | 6 | 7 | 1 | |
| | 6 | | | | | | | 2 |
| 4 | | | | | | | | |
| 2 | | | | | | | 9 | |
| | | | | | 7 | 8 | | 6 |

## #275

| | | | | | | | | |
|---|---|---|---|---|---|---|---|---|
| 4 | | | | | | | | |
| | 2 | 9 | | 7 | | | 5 | |
| | | 5 | 9 | | | | | 3 |
| 7 | 4 | | | | | 6 | | 1 |
| | | | | 6 | | 7 | | |
| | 1 | | | | | | 4 | 9 |
| 2 | 9 | | 7 | | | 1 | | 6 |
| | 5 | | | 3 | | | | |
| | | | | | 8 | | | |

## #276

| | | | | | | | | |
|---|---|---|---|---|---|---|---|---|
| | | | | | | | | |
| | 9 | 7 | | 5 | 8 | | | |
| | | | | 7 | 4 | | 8 | 1 |
| 2 | 6 | | | | 5 | | 9 | 3 |
| | | | | | 3 | | | |
| | 3 | 5 | 1 | 8 | 6 | | 2 | 4 |
| | | | 5 | 6 | | | | |
| | | 1 | | | | | | 7 |
| | | 3 | 8 | | 7 | | | 5 |

## #277

| | | | | | | | | |
|---|---|---|---|---|---|---|---|---|
| | 6 | | | | 9 | | 7 | |
| | | | | | 3 | 5 | 1 | 4 |
| | 3 | 7 | 5 | | | | | |
| | | | | | | | | 9 |
| 3 | | 5 | | | | | | |
| 4 | 1 | | 9 | 8 | | | | |
| | | | 2 | 3 | | | | 6 |
| | | | | | | 1 | | |
| | | 3 | | | | | 9 | 8 |

## #278

| | | | | | | | | |
|---|---|---|---|---|---|---|---|---|
| 5 | | | | 8 | 7 | | | |
| | | | | 2 | | | | |
| | 6 | 9 | | | | | 4 | |
| | | | | 3 | | 4 | | |
| | 1 | | 9 | | 4 | 7 | 3 | |
| | | | | | 5 | | 1 | |
| | | 7 | | | | | | |
| 3 | | 1 | | 9 | | 8 | | |
| | | | 2 | | | | | 4 |

## #279

| | | | | | | | | |
|---|---|---|---|---|---|---|---|---|
| | 6 | | | | | | | |
| | | 1 | 6 | 4 | | | | |
| 2 | | | | | | | 3 | |
| | | | | | 7 | | | |
| | 4 | | | 3 | | 6 | 5 | |
| | | 6 | 5 | | | | | 9 |
| 3 | 8 | | | 9 | 5 | | | |
| | 5 | | | 7 | 4 | 8 | 2 | 3 |
| 7 | | 2 | | | | | | |

## #280

| | | | | | | | | |
|---|---|---|---|---|---|---|---|---|
| 8 | | | | | 2 | | | |
| | | 7 | | | | | | |
| | | | | | 9 | 4 | | 7 |
| | | | | | | | 7 | |
| 3 | | | | 1 | | | 8 | |
| | | | 6 | 2 | | | 5 | |
| 5 | | 2 | 8 | 6 | | | | |
| | | 3 | | 7 | | | | |
| | 7 | 8 | 2 | 5 | | | 3 | |

## #281

| | | | | | | | | |
|---|---|---|---|---|---|---|---|---|
| | 9 | | | 4 | 1 | | | |
| | | 3 | | | | | | |
| | | 2 | | | | | | 1 |
| | | | 2 | 7 | 6 | | | |
| | 4 | | | | | | | 8 |
| | | 1 | 4 | 5 | | 6 | 9 | |
| 5 | | | 6 | | | 8 | | |
| 2 | 1 | 8 | 5 | | | 9 | | |
| | | 6 | 7 | | 2 | 1 | | 4 |

## #282

| | | | | | | | | |
|---|---|---|---|---|---|---|---|---|
| 5 | | | 1 | 2 | 7 | 9 | 8 | |
| | | | | | | | | |
| | 4 | 9 | | 3 | | | 2 | |
| | | | 8 | 1 | 6 | | 7 | |
| 2 | | 7 | | | | 5 | | |
| | | | 2 | | | | | |
| | | | | | 2 | 1 | 6 | 5 |
| | 5 | | | | | 4 | | |
| | | 4 | 9 | 5 | | | | 2 |

## #283

| | | | | | | | | |
|---|---|---|---|---|---|---|---|---|
| | 2 | | 3 | | | | | |
| | | | | | 4 | 6 | | 5 |
| 1 | | | | | | | | |
| | | 4 | | | 5 | | | 6 |
| | | 3 | | | 6 | | | |
| 5 | | | | 9 | | | | 4 |
| 3 | | | 2 | | | | | |
| 8 | | | 6 | 1 | 3 | | 5 | 7 |
| | 7 | 6 | | | | | | 3 |

## #284

| | | | | | | | | |
|---|---|---|---|---|---|---|---|---|
| | | 1 | | 9 | | 5 | | |
| | | | 6 | | 4 | | | 1 |
| | 2 | | | | 3 | | 6 | 8 |
| | 5 | | 8 | 6 | | 3 | 9 | 2 |
| | | | 3 | | 2 | 1 | 5 | |
| 3 | | | | | 9 | | 8 | |
| 6 | | 3 | 1 | | | | | |
| | | | | 8 | | | | |
| | | | | | | | | 7 |

## #285

| | | | | | | | | |
|---|---|---|---|---|---|---|---|---|
| 5 | | | | | 7 | 4 | | |
| | | | | | | | | 6 |
| | | | 4 | | 6 | 9 | 8 | |
| | | 9 | | | | | 3 | 2 |
| 6 | 1 | | | 2 | 3 | | | |
| | 3 | 8 | | | 5 | | | |
| 1 | 7 | 6 | | | | | | |
| | | | | | | 7 | 4 | 8 |
| | | | | | | | | |

## #286

| | | | | | | | | |
|---|---|---|---|---|---|---|---|---|
| | | 7 | | 3 | | | | 9 |
| 2 | 9 | | | | | | | |
| | | | 9 | | | 4 | | 6 |
| 1 | 2 | | 8 | | | | | |
| | | | | | 5 | 1 | | |
| | 7 | 6 | | | | | 8 | 3 |
| 8 | | 4 | 5 | 9 | 6 | | | |
| | | | | | | | | |
| | | | 3 | 2 | | | 5 | |

## #287

| | | | | | | | | |
|---|---|---|---|---|---|---|---|---|
| | | 2 | 6 | 1 | | 5 | 8 | |
| 9 | | | 4 | 8 | 5 | 2 | 3 | |
| | | | | | 7 | | 6 | 9 |
| 5 | 2 | | | | 4 | | | |
| | | | 9 | | 8 | | | |
| | 1 | | | | | | | 6 |
| | 9 | | | | 6 | | | |
| 2 | 5 | | | | | | | |
| | 7 | 8 | | | | | 5 | 4 |

## #288

| | | | | | | | | |
|---|---|---|---|---|---|---|---|---|
| 7 | | | | 6 | 5 | 3 | 9 | 8 |
| | 6 | 5 | 1 | | | 7 | | |
| | | | | | | | | |
| | | | | 2 | | 9 | 7 | |
| | | 3 | | | | | | |
| | 4 | | | 7 | 1 | | | |
| | | | | | | 8 | | |
| | 1 | 6 | | | 8 | | 3 | 2 |
| 5 | | | | | | | | 9 |

## #289

| | | | | | | | | |
|---|---|---|---|---|---|---|---|---|
| | 9 | | 6 | | | | | |
| | | 2 | 8 | | | 3 | 4 | |
| 3 | 1 | | | | | | | 8 |
| 1 | | | 2 | | 9 | | | |
| | 2 | | | 4 | | 9 | | |
| | | | | | 7 | 6 | | |
| | | 8 | | | | | | |
| 7 | | | | | 3 | | | |
| | | | 7 | | 8 | 2 | 5 | 6 |

## #290

| | | | | | | | | |
|---|---|---|---|---|---|---|---|---|
| | | 6 | | | | 5 | 2 | |
| | | | | | | | 7 | 8 |
| | 5 | | | | 8 | | | 9 |
| 7 | 3 | | | | 9 | | | |
| | | 1 | | | | | | |
| | | | 7 | 5 | | 6 | | |
| | 2 | | | 1 | | 8 | 4 | |
| | 4 | | 8 | | | | | |
| | | | | | 4 | 3 | 9 | 1 |

## #291

| | | | | | | | | |
|---|---|---|---|---|---|---|---|---|
| | | | | | | | | |
| | 7 | | 1 | 4 | | 9 | | |
| | | | | | | 8 | 1 | 2 |
| 8 | 2 | 6 | | 1 | 5 | | | |
| 3 | 5 | 9 | | | | | | |
| | | | | 8 | | | | 9 |
| | 8 | 5 | | | | 2 | 7 | |
| 6 | | 1 | 7 | 2 | | | | 3 |
| | | | | | | | | 8 |

## #292

| | | | | | | | | |
|---|---|---|---|---|---|---|---|---|
| | 7 | | 8 | | | 5 | | |
| | | | 1 | | | | | 3 |
| 3 | | 1 | | 6 | | | 4 | |
| | | | | | | | | |
| 7 | 2 | 6 | | | | | | |
| | | | | 3 | | 2 | | 4 |
| | 6 | | 9 | 4 | | | | |
| | | 9 | | | 8 | | 6 | |
| | | 4 | | | 2 | 8 | 9 | 7 |

## #293

| | | | | | | | | |
|---|---|---|---|---|---|---|---|---|
| | | | | 5 | | | | |
| | | | | | | 6 | 2 | 5 |
| 8 | 3 | | | | 9 | 4 | | |
| | | 9 | | | 2 | 5 | 6 | |
| | | 7 | | 3 | | | | |
| | | | | | | 2 | | |
| 7 | 8 | | | | | | | 1 |
| 5 | | | 4 | | | 9 | | |
| | 2 | | | | | | | |

## #294

| | | | | | | | | |
|---|---|---|---|---|---|---|---|---|
| | 5 | | | | | | 4 | 8 |
| 6 | 2 | 1 | 3 | | | 9 | | 5 |
| | 8 | 4 | | | 2 | | 6 | |
| | | | | | 6 | | | 1 |
| 2 | | | | | | | | |
| | 9 | | 8 | 5 | | | | |
| | | | | | | | | |
| 8 | 6 | 3 | 9 | | | | 5 | |
| | 7 | 5 | | 6 | | | | 9 |

## #295

| | | | | | | | | |
|---|---|---|---|---|---|---|---|---|
| 8 | 2 | | 3 | | | | | |
| | | | 9 | 1 | | 4 | 8 | |
| | | | | | | | | 2 |
| | 1 | | | 6 | | | 4 | 5 |
| 7 | 6 | 4 | | | | | | |
| | | 2 | | 7 | 3 | 9 | | |
| | | | 5 | | 9 | | 3 | 8 |
| 1 | 9 | | | | | | | |
| | | | | | | | | 4 |

## #296

| | | | | | | | | |
|---|---|---|---|---|---|---|---|---|
| | | | 9 | | 5 | | 4 | 1 |
| | | | | | | 8 | 3 | |
| 3 | 4 | | 8 | | | | | |
| | 3 | 2 | 6 | | | | 7 | |
| | | | | | | 1 | | |
| | 9 | | 4 | 5 | 3 | | | |
| | 1 | 8 | 5 | | | | | |
| | | | | 2 | | | | 9 |
| | | 9 | | 6 | | 5 | 1 | 2 |

## #297

| | | | | | | | | |
|---|---|---|---|---|---|---|---|---|
| 2 | | 6 | 1 | | | 7 | 5 | |
| 5 | | | | 4 | | | 3 | |
| | | 1 | | | | | | |
| | | | | | | | | |
| | | | 2 | | | | | 6 |
| | 8 | 2 | 4 | 6 | 9 | | | |
| | 1 | 3 | 5 | | | | | 2 |
| | 6 | 4 | 9 | 1 | | | | |
| | | | | 7 | | | | |

## #298

| | | | | | | | | |
|---|---|---|---|---|---|---|---|---|
| | | 5 | 3 | 8 | | | | |
| | | 8 | | | | | | 6 |
| | | | 1 | | 9 | 7 | | |
| | | | | | 8 | 4 | | 7 |
| 5 | 2 | 6 | | | | | 3 | |
| | | | | | | 5 | | 1 |
| | | 3 | 6 | | | | 7 | |
| | 7 | | | 9 | | | | |
| | | 2 | | 5 | | | | 9 |

## #299

| | | | | | | | | |
|---|---|---|---|---|---|---|---|---|
| | | | | 1 | | | | 8 |
| 1 | 8 | 3 | | | | | | |
| | 6 | | 5 | | | | | |
| | | 9 | 3 | | | | 7 | |
| 2 | | | 1 | 5 | | 4 | | |
| 8 | 7 | 4 | | | | 3 | | 5 |
| 4 | 9 | | | | | | 6 | |
| | 5 | 1 | 6 | 4 | | | | |
| | | 7 | | | | | | |

## #300

| | | | | | | | | |
|---|---|---|---|---|---|---|---|---|
| | 7 | | | | | | 2 | 9 |
| | 8 | | | | | | 4 | |
| 9 | | | | | 1 | | | |
| 6 | 3 | | | 7 | | 9 | | |
| | | 4 | | 3 | | | 8 | |
| | | 7 | | 2 | 9 | | | |
| | | | | | | | 9 | 6 |
| | | | | | 8 | | | |
| | | | 7 | | | 5 | | 2 |

# SOLUZIONI

La tua opinione è importante:

## Supportaci e lascia una recensione!

## #1

| | | | | | | | | |
|---|---|---|---|---|---|---|---|---|
| 8 | 1 | 7 | 5 | 3 | 2 | 6 | 4 | 9 |
| 2 | 4 | 9 | 8 | 6 | 1 | 7 | 3 | 5 |
| 3 | 6 | 5 | 7 | 9 | 4 | 2 | 8 | 1 |
| 5 | 8 | 1 | 3 | 4 | 7 | 9 | 2 | 6 |
| 9 | 2 | 3 | 6 | 1 | 5 | 8 | 7 | 4 |
| 6 | 7 | 4 | 9 | 2 | 8 | 5 | 1 | 3 |
| 1 | 9 | 6 | 2 | 7 | 3 | 4 | 5 | 8 |
| 4 | 5 | 2 | 1 | 8 | 9 | 3 | 6 | 7 |
| 7 | 3 | 8 | 4 | 5 | 6 | 1 | 9 | 2 |

## #2

| | | | | | | | | |
|---|---|---|---|---|---|---|---|---|
| 3 | 8 | 1 | 7 | 4 | 6 | 5 | 9 | 2 |
| 6 | 2 | 9 | 8 | 5 | 1 | 3 | 7 | 4 |
| 7 | 5 | 4 | 3 | 2 | 9 | 8 | 6 | 1 |
| 5 | 7 | 3 | 2 | 6 | 4 | 1 | 8 | 9 |
| 9 | 6 | 8 | 5 | 1 | 3 | 2 | 4 | 7 |
| 4 | 1 | 2 | 9 | 7 | 8 | 6 | 5 | 3 |
| 8 | 9 | 7 | 6 | 3 | 2 | 4 | 1 | 5 |
| 1 | 3 | 5 | 4 | 8 | 7 | 9 | 2 | 6 |
| 2 | 4 | 6 | 1 | 9 | 5 | 7 | 3 | 8 |

## #3

| | | | | | | | | |
|---|---|---|---|---|---|---|---|---|
| 7 | 6 | 9 | 3 | 2 | 1 | 8 | 5 | 4 |
| 4 | 5 | 2 | 9 | 7 | 8 | 6 | 1 | 3 |
| 1 | 3 | 8 | 4 | 5 | 6 | 2 | 9 | 7 |
| 5 | 2 | 3 | 1 | 4 | 7 | 9 | 6 | 8 |
| 6 | 1 | 4 | 8 | 3 | 9 | 5 | 7 | 2 |
| 9 | 8 | 7 | 2 | 6 | 5 | 3 | 4 | 1 |
| 2 | 7 | 1 | 5 | 9 | 3 | 4 | 8 | 6 |
| 8 | 4 | 5 | 6 | 1 | 2 | 7 | 3 | 9 |
| 3 | 9 | 6 | 7 | 8 | 4 | 1 | 2 | 5 |

## #4

| | | | | | | | | |
|---|---|---|---|---|---|---|---|---|
| 2 | 1 | 3 | 8 | 5 | 6 | 4 | 7 | 9 |
| 6 | 8 | 7 | 4 | 1 | 9 | 3 | 2 | 5 |
| 5 | 9 | 4 | 3 | 2 | 7 | 6 | 8 | 1 |
| 8 | 3 | 5 | 9 | 6 | 2 | 7 | 1 | 4 |
| 9 | 2 | 6 | 7 | 4 | 1 | 8 | 5 | 3 |
| 7 | 4 | 1 | 5 | 8 | 3 | 9 | 6 | 2 |
| 3 | 5 | 9 | 1 | 7 | 8 | 2 | 4 | 6 |
| 1 | 6 | 8 | 2 | 9 | 4 | 5 | 3 | 7 |
| 4 | 7 | 2 | 6 | 3 | 5 | 1 | 9 | 8 |

## #5

| | | | | | | | | |
|---|---|---|---|---|---|---|---|---|
| 5 | 2 | 3 | 7 | 8 | 6 | 1 | 4 | 9 |
| 8 | 1 | 9 | 3 | 2 | 4 | 6 | 5 | 7 |
| 7 | 6 | 4 | 9 | 1 | 5 | 8 | 3 | 2 |
| 6 | 7 | 1 | 2 | 4 | 9 | 3 | 8 | 5 |
| 4 | 8 | 2 | 5 | 6 | 3 | 7 | 9 | 1 |
| 3 | 9 | 5 | 8 | 7 | 1 | 2 | 6 | 4 |
| 9 | 4 | 6 | 1 | 3 | 2 | 5 | 7 | 8 |
| 2 | 5 | 7 | 6 | 9 | 8 | 4 | 1 | 3 |
| 1 | 3 | 8 | 4 | 5 | 7 | 9 | 2 | 6 |

## #6

| | | | | | | | | |
|---|---|---|---|---|---|---|---|---|
| 9 | 4 | 8 | 1 | 5 | 7 | 3 | 2 | 6 |
| 3 | 1 | 6 | 9 | 2 | 8 | 4 | 7 | 5 |
| 2 | 7 | 5 | 3 | 4 | 6 | 8 | 9 | 1 |
| 8 | 6 | 1 | 5 | 9 | 4 | 7 | 3 | 2 |
| 7 | 9 | 2 | 8 | 6 | 3 | 5 | 1 | 4 |
| 4 | 5 | 3 | 2 | 7 | 1 | 9 | 6 | 8 |
| 5 | 2 | 7 | 6 | 8 | 9 | 1 | 4 | 3 |
| 1 | 8 | 9 | 4 | 3 | 2 | 6 | 5 | 7 |
| 6 | 3 | 4 | 7 | 1 | 5 | 2 | 8 | 9 |

## #7

| | | | | | | | | |
|---|---|---|---|---|---|---|---|---|
| 4 | 3 | 9 | 5 | 2 | 6 | 7 | 8 | 1 |
| 6 | 5 | 1 | 3 | 7 | 8 | 2 | 9 | 4 |
| 8 | 7 | 2 | 4 | 9 | 1 | 3 | 5 | 6 |
| 2 | 6 | 4 | 1 | 8 | 9 | 5 | 7 | 3 |
| 5 | 1 | 3 | 2 | 4 | 7 | 8 | 6 | 9 |
| 9 | 8 | 7 | 6 | 5 | 3 | 1 | 4 | 2 |
| 7 | 4 | 5 | 9 | 3 | 2 | 6 | 1 | 8 |
| 1 | 2 | 8 | 7 | 6 | 4 | 9 | 3 | 5 |
| 3 | 9 | 6 | 8 | 1 | 5 | 4 | 2 | 7 |

## #8

| | | | | | | | | |
|---|---|---|---|---|---|---|---|---|
| 2 | 5 | 6 | 3 | 9 | 8 | 1 | 7 | 4 |
| 1 | 9 | 8 | 7 | 4 | 2 | 3 | 6 | 5 |
| 7 | 3 | 4 | 1 | 5 | 6 | 9 | 8 | 2 |
| 3 | 8 | 7 | 2 | 6 | 9 | 4 | 5 | 1 |
| 4 | 1 | 9 | 8 | 3 | 5 | 7 | 2 | 6 |
| 6 | 2 | 5 | 4 | 1 | 7 | 8 | 9 | 3 |
| 8 | 7 | 3 | 6 | 2 | 1 | 5 | 4 | 9 |
| 5 | 4 | 2 | 9 | 7 | 3 | 6 | 1 | 8 |
| 9 | 6 | 1 | 5 | 8 | 4 | 2 | 3 | 7 |

## #9

| | | | | | | | | |
|---|---|---|---|---|---|---|---|---|
| 2 | 6 | 5 | 4 | 7 | 8 | 9 | 3 | 1 |
| 4 | 9 | 1 | 6 | 2 | 3 | 5 | 8 | 7 |
| 8 | 7 | 3 | 1 | 5 | 9 | 2 | 6 | 4 |
| 6 | 4 | 7 | 3 | 1 | 5 | 8 | 9 | 2 |
| 1 | 2 | 9 | 8 | 6 | 4 | 3 | 7 | 5 |
| 3 | 5 | 8 | 2 | 9 | 7 | 1 | 4 | 6 |
| 9 | 3 | 6 | 5 | 4 | 1 | 7 | 2 | 8 |
| 7 | 1 | 2 | 9 | 8 | 6 | 4 | 5 | 3 |
| 5 | 8 | 4 | 7 | 3 | 2 | 6 | 1 | 9 |

## #10

| | | | | | | | | |
|---|---|---|---|---|---|---|---|---|
| 2 | 9 | 6 | 8 | 1 | 7 | 4 | 5 | 3 |
| 7 | 1 | 5 | 2 | 3 | 4 | 8 | 9 | 6 |
| 4 | 3 | 8 | 5 | 6 | 9 | 2 | 1 | 7 |
| 1 | 8 | 4 | 9 | 5 | 6 | 3 | 7 | 2 |
| 9 | 6 | 2 | 3 | 7 | 8 | 5 | 4 | 1 |
| 5 | 7 | 3 | 4 | 2 | 1 | 6 | 8 | 9 |
| 6 | 2 | 1 | 7 | 4 | 5 | 9 | 3 | 8 |
| 3 | 5 | 9 | 1 | 8 | 2 | 7 | 6 | 4 |
| 8 | 4 | 7 | 6 | 9 | 3 | 1 | 2 | 5 |

## #11

| | | | | | | | | |
|---|---|---|---|---|---|---|---|---|
| 6 | 1 | 4 | 5 | 8 | 9 | 3 | 2 | 7 |
| 9 | 2 | 3 | 4 | 6 | 7 | 8 | 5 | 1 |
| 8 | 7 | 5 | 1 | 3 | 2 | 4 | 6 | 9 |
| 3 | 5 | 8 | 6 | 7 | 4 | 1 | 9 | 2 |
| 2 | 9 | 7 | 3 | 1 | 5 | 6 | 4 | 8 |
| 1 | 4 | 6 | 2 | 9 | 8 | 7 | 3 | 5 |
| 7 | 6 | 9 | 8 | 5 | 3 | 2 | 1 | 4 |
| 4 | 8 | 1 | 9 | 2 | 6 | 5 | 7 | 3 |
| 5 | 3 | 2 | 7 | 4 | 1 | 9 | 8 | 6 |

## #12

| | | | | | | | | |
|---|---|---|---|---|---|---|---|---|
| 6 | 9 | 7 | 1 | 3 | 2 | 4 | 5 | 8 |
| 5 | 2 | 8 | 4 | 7 | 6 | 3 | 1 | 9 |
| 4 | 1 | 3 | 8 | 5 | 9 | 6 | 7 | 2 |
| 1 | 3 | 9 | 2 | 6 | 8 | 7 | 4 | 5 |
| 8 | 7 | 5 | 9 | 4 | 3 | 2 | 6 | 1 |
| 2 | 4 | 6 | 7 | 1 | 5 | 8 | 9 | 3 |
| 7 | 8 | 1 | 5 | 2 | 4 | 9 | 3 | 6 |
| 9 | 6 | 4 | 3 | 8 | 1 | 5 | 2 | 7 |
| 3 | 5 | 2 | 6 | 9 | 7 | 1 | 8 | 4 |

## #13

| | | | | | | | | |
|---|---|---|---|---|---|---|---|---|
| 8 | 4 | 7 | 6 | 3 | 2 | 9 | 5 | 1 |
| 1 | 9 | 3 | 7 | 5 | 8 | 6 | 4 | 2 |
| 6 | 2 | 5 | 4 | 9 | 1 | 3 | 7 | 8 |
| 2 | 5 | 9 | 3 | 4 | 6 | 1 | 8 | 7 |
| 7 | 3 | 1 | 2 | 8 | 5 | 4 | 9 | 6 |
| 4 | 6 | 8 | 9 | 1 | 7 | 5 | 2 | 3 |
| 9 | 8 | 6 | 1 | 2 | 4 | 7 | 3 | 5 |
| 3 | 1 | 2 | 5 | 7 | 9 | 8 | 6 | 4 |
| 5 | 7 | 4 | 8 | 6 | 3 | 2 | 1 | 9 |

## #14

| | | | | | | | | |
|---|---|---|---|---|---|---|---|---|
| 7 | 8 | 2 | 6 | 9 | 3 | 4 | 1 | 5 |
| 4 | 3 | 5 | 8 | 1 | 2 | 7 | 6 | 9 |
| 1 | 6 | 9 | 5 | 4 | 7 | 2 | 8 | 3 |
| 3 | 5 | 6 | 7 | 8 | 9 | 1 | 2 | 4 |
| 9 | 1 | 4 | 3 | 2 | 6 | 5 | 7 | 8 |
| 2 | 7 | 8 | 1 | 5 | 4 | 3 | 9 | 6 |
| 5 | 4 | 1 | 2 | 6 | 8 | 9 | 3 | 7 |
| 6 | 2 | 7 | 9 | 3 | 5 | 8 | 4 | 1 |
| 8 | 9 | 3 | 4 | 7 | 1 | 6 | 5 | 2 |

## #15

| | | | | | | | | |
|---|---|---|---|---|---|---|---|---|
| 3 | 1 | 4 | 9 | 6 | 5 | 8 | 2 | 7 |
| 5 | 7 | 6 | 4 | 2 | 8 | 1 | 3 | 9 |
| 2 | 9 | 8 | 7 | 3 | 1 | 5 | 4 | 6 |
| 4 | 8 | 7 | 2 | 5 | 6 | 3 | 9 | 1 |
| 6 | 5 | 9 | 1 | 7 | 3 | 2 | 8 | 4 |
| 1 | 2 | 3 | 8 | 9 | 4 | 6 | 7 | 5 |
| 7 | 3 | 5 | 6 | 8 | 9 | 4 | 1 | 2 |
| 9 | 6 | 1 | 3 | 4 | 2 | 7 | 5 | 8 |
| 8 | 4 | 2 | 5 | 1 | 7 | 9 | 6 | 3 |

## #16

| | | | | | | | | |
|---|---|---|---|---|---|---|---|---|
| 3 | 2 | 8 | 4 | 5 | 9 | 7 | 6 | 1 |
| 6 | 7 | 5 | 1 | 3 | 8 | 9 | 4 | 2 |
| 4 | 9 | 1 | 6 | 2 | 7 | 5 | 3 | 8 |
| 7 | 3 | 9 | 8 | 6 | 5 | 2 | 1 | 4 |
| 5 | 4 | 2 | 9 | 1 | 3 | 6 | 8 | 7 |
| 1 | 8 | 6 | 7 | 4 | 2 | 3 | 9 | 5 |
| 2 | 6 | 7 | 3 | 8 | 1 | 4 | 5 | 9 |
| 8 | 5 | 3 | 2 | 9 | 4 | 1 | 7 | 6 |
| 9 | 1 | 4 | 5 | 7 | 6 | 8 | 2 | 3 |

## #17

| | | | | | | | | |
|---|---|---|---|---|---|---|---|---|
| 2 | 1 | 9 | 5 | 7 | 3 | 4 | 6 | 8 |
| 7 | 6 | 3 | 9 | 4 | 8 | 2 | 1 | 5 |
| 5 | 8 | 4 | 1 | 2 | 6 | 7 | 9 | 3 |
| 6 | 9 | 8 | 2 | 1 | 4 | 3 | 5 | 7 |
| 1 | 3 | 5 | 6 | 8 | 7 | 9 | 2 | 4 |
| 4 | 2 | 7 | 3 | 9 | 5 | 1 | 8 | 6 |
| 8 | 7 | 1 | 4 | 6 | 9 | 5 | 3 | 2 |
| 9 | 5 | 6 | 7 | 3 | 2 | 8 | 4 | 1 |
| 3 | 4 | 2 | 8 | 5 | 1 | 6 | 7 | 9 |

## #18

| | | | | | | | | |
|---|---|---|---|---|---|---|---|---|
| 5 | 2 | 8 | 9 | 6 | 7 | 1 | 4 | 3 |
| 1 | 4 | 3 | 5 | 2 | 8 | 9 | 6 | 7 |
| 6 | 7 | 9 | 4 | 1 | 3 | 5 | 8 | 2 |
| 8 | 9 | 2 | 3 | 7 | 6 | 4 | 5 | 1 |
| 4 | 6 | 7 | 1 | 9 | 5 | 3 | 2 | 8 |
| 3 | 1 | 5 | 8 | 4 | 2 | 6 | 7 | 9 |
| 2 | 8 | 4 | 6 | 3 | 1 | 7 | 9 | 5 |
| 7 | 3 | 6 | 2 | 5 | 9 | 8 | 1 | 4 |
| 9 | 5 | 1 | 7 | 8 | 4 | 2 | 3 | 6 |

## #19

| | | | | | | | | |
|---|---|---|---|---|---|---|---|---|
| 4 | 2 | 9 | 5 | 8 | 3 | 6 | 7 | 1 |
| 6 | 3 | 7 | 2 | 9 | 1 | 4 | 8 | 5 |
| 8 | 1 | 5 | 4 | 6 | 7 | 2 | 9 | 3 |
| 2 | 7 | 6 | 1 | 3 | 5 | 9 | 4 | 8 |
| 3 | 5 | 4 | 9 | 2 | 8 | 1 | 6 | 7 |
| 1 | 9 | 8 | 7 | 4 | 6 | 3 | 5 | 2 |
| 9 | 4 | 3 | 8 | 7 | 2 | 5 | 1 | 6 |
| 5 | 8 | 2 | 6 | 1 | 9 | 7 | 3 | 4 |
| 7 | 6 | 1 | 3 | 5 | 4 | 8 | 2 | 9 |

## #20

| | | | | | | | | |
|---|---|---|---|---|---|---|---|---|
| 5 | 6 | 4 | 3 | 2 | 7 | 8 | 9 | 1 |
| 9 | 8 | 7 | 1 | 4 | 6 | 5 | 2 | 3 |
| 1 | 3 | 2 | 9 | 8 | 5 | 4 | 6 | 7 |
| 8 | 7 | 6 | 5 | 1 | 9 | 2 | 3 | 4 |
| 2 | 5 | 1 | 4 | 3 | 8 | 6 | 7 | 9 |
| 3 | 4 | 9 | 6 | 7 | 2 | 1 | 8 | 5 |
| 6 | 9 | 3 | 8 | 5 | 1 | 7 | 4 | 2 |
| 4 | 2 | 5 | 7 | 6 | 3 | 9 | 1 | 8 |
| 7 | 1 | 8 | 2 | 9 | 4 | 3 | 5 | 6 |

## #21

| | | | | | | | | |
|---|---|---|---|---|---|---|---|---|
| 6 | 3 | 2 | 9 | 5 | 4 | 7 | 8 | 1 |
| 7 | 1 | 5 | 8 | 3 | 6 | 2 | 4 | 9 |
| 9 | 4 | 8 | 1 | 2 | 7 | 3 | 5 | 6 |
| 4 | 8 | 3 | 7 | 9 | 1 | 6 | 2 | 5 |
| 2 | 5 | 9 | 3 | 6 | 8 | 4 | 1 | 7 |
| 1 | 6 | 7 | 5 | 4 | 2 | 9 | 3 | 8 |
| 8 | 9 | 1 | 2 | 7 | 3 | 5 | 6 | 4 |
| 3 | 7 | 6 | 4 | 1 | 5 | 8 | 9 | 2 |
| 5 | 2 | 4 | 6 | 8 | 9 | 1 | 7 | 3 |

## #22

| | | | | | | | | |
|---|---|---|---|---|---|---|---|---|
| 5 | 7 | 1 | 4 | 9 | 6 | 3 | 2 | 8 |
| 6 | 3 | 2 | 1 | 5 | 8 | 9 | 7 | 4 |
| 8 | 4 | 9 | 7 | 3 | 2 | 1 | 6 | 5 |
| 1 | 8 | 4 | 6 | 7 | 3 | 5 | 9 | 2 |
| 3 | 5 | 7 | 8 | 2 | 9 | 4 | 1 | 6 |
| 2 | 9 | 6 | 5 | 4 | 1 | 8 | 3 | 7 |
| 7 | 2 | 8 | 3 | 1 | 4 | 6 | 5 | 9 |
| 9 | 6 | 3 | 2 | 8 | 5 | 7 | 4 | 1 |
| 4 | 1 | 5 | 9 | 6 | 7 | 2 | 8 | 3 |

## #23

| | | | | | | | | |
|---|---|---|---|---|---|---|---|---|
| 2 | 3 | 1 | 5 | 7 | 6 | 8 | 9 | 4 |
| 6 | 9 | 4 | 1 | 2 | 8 | 5 | 3 | 7 |
| 5 | 7 | 8 | 9 | 4 | 3 | 2 | 1 | 6 |
| 1 | 2 | 3 | 6 | 8 | 7 | 9 | 4 | 5 |
| 8 | 5 | 7 | 2 | 9 | 4 | 1 | 6 | 3 |
| 9 | 4 | 6 | 3 | 5 | 1 | 7 | 8 | 2 |
| 4 | 1 | 9 | 7 | 3 | 5 | 6 | 2 | 8 |
| 7 | 8 | 2 | 4 | 6 | 9 | 3 | 5 | 1 |
| 3 | 6 | 5 | 8 | 1 | 2 | 4 | 7 | 9 |

## #24

| | | | | | | | | |
|---|---|---|---|---|---|---|---|---|
| 6 | 1 | 8 | 5 | 3 | 7 | 4 | 2 | 9 |
| 4 | 2 | 3 | 1 | 8 | 9 | 5 | 7 | 6 |
| 7 | 9 | 5 | 6 | 4 | 2 | 8 | 3 | 1 |
| 3 | 6 | 4 | 7 | 2 | 8 | 9 | 1 | 5 |
| 8 | 7 | 9 | 4 | 5 | 1 | 2 | 6 | 3 |
| 1 | 5 | 2 | 3 | 9 | 6 | 7 | 4 | 8 |
| 5 | 4 | 1 | 8 | 7 | 3 | 6 | 9 | 2 |
| 9 | 3 | 7 | 2 | 6 | 5 | 1 | 8 | 4 |
| 2 | 8 | 6 | 9 | 1 | 4 | 3 | 5 | 7 |

## #25

| 6 | 8 | 3 | 2 | 9 | 7 | 4 | 5 | 1 |
|---|---|---|---|---|---|---|---|---|
| 4 | 7 | 1 | 6 | 8 | 5 | 2 | 3 | 9 |
| 9 | 2 | 5 | 1 | 3 | 4 | 8 | 7 | 6 |
| 8 | 9 | 4 | 7 | 2 | 6 | 3 | 1 | 5 |
| 1 | 6 | 7 | 5 | 4 | 3 | 9 | 2 | 8 |
| 5 | 3 | 2 | 9 | 1 | 8 | 6 | 4 | 7 |
| 3 | 5 | 6 | 8 | 7 | 2 | 1 | 9 | 4 |
| 7 | 4 | 9 | 3 | 6 | 1 | 5 | 8 | 2 |
| 2 | 1 | 8 | 4 | 5 | 9 | 7 | 6 | 3 |

## #28

| 5 | 9 | 1 | 7 | 4 | 6 | 2 | 3 | 8 |
|---|---|---|---|---|---|---|---|---|
| 8 | 4 | 7 | 1 | 3 | 2 | 6 | 5 | 9 |
| 3 | 6 | 2 | 8 | 9 | 5 | 7 | 4 | 1 |
| 6 | 1 | 9 | 4 | 5 | 8 | 3 | 2 | 7 |
| 7 | 2 | 8 | 3 | 6 | 9 | 4 | 1 | 5 |
| 4 | 3 | 5 | 2 | 7 | 1 | 9 | 8 | 6 |
| 1 | 5 | 4 | 6 | 2 | 7 | 8 | 9 | 3 |
| 2 | 8 | 6 | 9 | 1 | 3 | 5 | 7 | 4 |
| 9 | 7 | 3 | 5 | 8 | 4 | 1 | 6 | 2 |

## #26

| 9 | 7 | 5 | 4 | 6 | 3 | 8 | 1 | 2 |
|---|---|---|---|---|---|---|---|---|
| 4 | 2 | 1 | 8 | 9 | 7 | 3 | 6 | 5 |
| 6 | 8 | 3 | 1 | 5 | 2 | 7 | 9 | 4 |
| 2 | 9 | 7 | 3 | 1 | 4 | 6 | 5 | 8 |
| 1 | 6 | 4 | 2 | 8 | 5 | 9 | 7 | 3 |
| 3 | 5 | 8 | 6 | 7 | 9 | 4 | 2 | 1 |
| 8 | 1 | 9 | 5 | 4 | 6 | 2 | 3 | 7 |
| 7 | 4 | 2 | 9 | 3 | 1 | 5 | 8 | 6 |
| 5 | 3 | 6 | 7 | 2 | 8 | 1 | 4 | 9 |

## #29

| 9 | 7 | 6 | 2 | 3 | 5 | 8 | 4 | 1 |
|---|---|---|---|---|---|---|---|---|
| 8 | 5 | 4 | 7 | 6 | 1 | 2 | 9 | 3 |
| 1 | 3 | 2 | 4 | 9 | 8 | 6 | 5 | 7 |
| 4 | 9 | 8 | 6 | 5 | 7 | 3 | 1 | 2 |
| 5 | 2 | 3 | 8 | 1 | 9 | 7 | 6 | 4 |
| 6 | 1 | 7 | 3 | 2 | 4 | 9 | 8 | 5 |
| 3 | 4 | 1 | 9 | 7 | 6 | 5 | 2 | 8 |
| 7 | 6 | 5 | 1 | 8 | 2 | 4 | 3 | 9 |
| 2 | 8 | 9 | 5 | 4 | 3 | 1 | 7 | 6 |

## #27

| 1 | 8 | 4 | 6 | 2 | 3 | 9 | 5 | 7 |
|---|---|---|---|---|---|---|---|---|
| 7 | 2 | 5 | 9 | 1 | 8 | 4 | 3 | 6 |
| 6 | 9 | 3 | 4 | 5 | 7 | 8 | 1 | 2 |
| 5 | 1 | 7 | 8 | 6 | 4 | 3 | 2 | 9 |
| 9 | 6 | 2 | 7 | 3 | 1 | 5 | 4 | 8 |
| 4 | 3 | 8 | 5 | 9 | 2 | 6 | 7 | 1 |
| 8 | 4 | 9 | 1 | 7 | 5 | 2 | 6 | 3 |
| 2 | 5 | 1 | 3 | 8 | 6 | 7 | 9 | 4 |
| 3 | 7 | 6 | 2 | 4 | 9 | 1 | 8 | 5 |

## #30

| 7 | 6 | 5 | 1 | 2 | 8 | 9 | 4 | 3 |
|---|---|---|---|---|---|---|---|---|
| 3 | 9 | 2 | 4 | 7 | 6 | 1 | 8 | 5 |
| 1 | 4 | 8 | 9 | 3 | 5 | 7 | 2 | 6 |
| 6 | 1 | 7 | 3 | 8 | 9 | 2 | 5 | 4 |
| 5 | 8 | 9 | 7 | 4 | 2 | 3 | 6 | 1 |
| 2 | 3 | 4 | 5 | 6 | 1 | 8 | 7 | 9 |
| 4 | 5 | 3 | 2 | 1 | 7 | 6 | 9 | 8 |
| 8 | 2 | 1 | 6 | 9 | 4 | 5 | 3 | 7 |
| 9 | 7 | 6 | 8 | 5 | 3 | 4 | 1 | 2 |

## #31

| | | | | | | | | |
|---|---|---|---|---|---|---|---|---|
| 6 | 8 | 4 | 3 | 2 | 7 | 5 | 9 | 1 |
| 9 | 3 | 5 | 4 | 8 | 1 | 6 | 7 | 2 |
| 1 | 7 | 2 | 6 | 5 | 9 | 4 | 3 | 8 |
| 8 | 4 | 7 | 9 | 1 | 3 | 2 | 6 | 5 |
| 3 | 1 | 6 | 2 | 7 | 5 | 8 | 4 | 9 |
| 5 | 2 | 9 | 8 | 6 | 4 | 3 | 1 | 7 |
| 2 | 5 | 3 | 7 | 9 | 6 | 1 | 8 | 4 |
| 7 | 6 | 8 | 1 | 4 | 2 | 9 | 5 | 3 |
| 4 | 9 | 1 | 5 | 3 | 8 | 7 | 2 | 6 |

## #32

| | | | | | | | | |
|---|---|---|---|---|---|---|---|---|
| 4 | 8 | 2 | 7 | 3 | 5 | 9 | 6 | 1 |
| 1 | 5 | 9 | 2 | 8 | 6 | 7 | 3 | 4 |
| 6 | 3 | 7 | 1 | 4 | 9 | 5 | 8 | 2 |
| 7 | 2 | 1 | 8 | 9 | 3 | 4 | 5 | 6 |
| 9 | 4 | 3 | 6 | 5 | 7 | 2 | 1 | 8 |
| 5 | 6 | 8 | 4 | 2 | 1 | 3 | 7 | 9 |
| 2 | 1 | 6 | 3 | 7 | 4 | 8 | 9 | 5 |
| 8 | 7 | 5 | 9 | 6 | 2 | 1 | 4 | 3 |
| 3 | 9 | 4 | 5 | 1 | 8 | 6 | 2 | 7 |

## #33

| | | | | | | | | |
|---|---|---|---|---|---|---|---|---|
| 9 | 7 | 3 | 8 | 4 | 2 | 1 | 6 | 5 |
| 6 | 2 | 1 | 3 | 9 | 5 | 7 | 8 | 4 |
| 4 | 5 | 8 | 6 | 1 | 7 | 2 | 9 | 3 |
| 7 | 9 | 6 | 1 | 5 | 8 | 3 | 4 | 2 |
| 3 | 4 | 2 | 7 | 6 | 9 | 5 | 1 | 8 |
| 8 | 1 | 5 | 2 | 3 | 4 | 9 | 7 | 6 |
| 5 | 6 | 7 | 9 | 8 | 3 | 4 | 2 | 1 |
| 2 | 8 | 4 | 5 | 7 | 1 | 6 | 3 | 9 |
| 1 | 3 | 9 | 4 | 2 | 6 | 8 | 5 | 7 |

## #34

| | | | | | | | | |
|---|---|---|---|---|---|---|---|---|
| 7 | 2 | 8 | 3 | 6 | 1 | 4 | 5 | 9 |
| 6 | 3 | 1 | 9 | 4 | 5 | 8 | 2 | 7 |
| 9 | 4 | 5 | 2 | 8 | 7 | 3 | 6 | 1 |
| 5 | 1 | 6 | 4 | 2 | 9 | 7 | 8 | 3 |
| 3 | 7 | 4 | 8 | 5 | 6 | 1 | 9 | 2 |
| 8 | 9 | 2 | 1 | 7 | 3 | 5 | 4 | 6 |
| 2 | 8 | 7 | 6 | 1 | 4 | 9 | 3 | 5 |
| 4 | 5 | 3 | 7 | 9 | 2 | 6 | 1 | 8 |
| 1 | 6 | 9 | 5 | 3 | 8 | 2 | 7 | 4 |

## #35

| | | | | | | | | |
|---|---|---|---|---|---|---|---|---|
| 8 | 5 | 6 | 7 | 1 | 3 | 9 | 2 | 4 |
| 9 | 3 | 7 | 4 | 6 | 2 | 5 | 8 | 1 |
| 4 | 2 | 1 | 8 | 9 | 5 | 3 | 7 | 6 |
| 6 | 7 | 9 | 3 | 8 | 4 | 1 | 5 | 2 |
| 5 | 8 | 4 | 2 | 7 | 1 | 6 | 9 | 3 |
| 3 | 1 | 2 | 6 | 5 | 9 | 8 | 4 | 7 |
| 2 | 4 | 5 | 1 | 3 | 8 | 7 | 6 | 9 |
| 1 | 6 | 8 | 9 | 2 | 7 | 4 | 3 | 5 |
| 7 | 9 | 3 | 5 | 4 | 6 | 2 | 1 | 8 |

## #36

| | | | | | | | | |
|---|---|---|---|---|---|---|---|---|
| 5 | 6 | 9 | 4 | 3 | 1 | 2 | 8 | 7 |
| 1 | 3 | 8 | 7 | 5 | 2 | 6 | 9 | 4 |
| 7 | 2 | 4 | 6 | 9 | 8 | 3 | 1 | 5 |
| 8 | 7 | 6 | 9 | 2 | 4 | 1 | 5 | 3 |
| 9 | 5 | 1 | 8 | 6 | 3 | 4 | 7 | 2 |
| 2 | 4 | 3 | 5 | 1 | 7 | 9 | 6 | 8 |
| 4 | 9 | 5 | 3 | 7 | 6 | 8 | 2 | 1 |
| 3 | 1 | 7 | 2 | 8 | 9 | 5 | 4 | 6 |
| 6 | 8 | 2 | 1 | 4 | 5 | 7 | 3 | 9 |

## #37

| 2 | 9 | 3 | 8 | 5 | 7 | 1 | 4 | 6 |
| 4 | 7 | 8 | 6 | 1 | 3 | 5 | 9 | 2 |
| 1 | 5 | 6 | 9 | 4 | 2 | 7 | 8 | 3 |
| 5 | 2 | 1 | 3 | 7 | 9 | 8 | 6 | 4 |
| 3 | 4 | 9 | 1 | 6 | 8 | 2 | 5 | 7 |
| 8 | 6 | 7 | 5 | 2 | 4 | 3 | 1 | 9 |
| 7 | 8 | 5 | 2 | 9 | 6 | 4 | 3 | 1 |
| 9 | 1 | 2 | 4 | 3 | 5 | 6 | 7 | 8 |
| 6 | 3 | 4 | 7 | 8 | 1 | 9 | 2 | 5 |

## #40

| 9 | 5 | 8 | 3 | 4 | 1 | 6 | 7 | 2 |
| 1 | 7 | 4 | 8 | 6 | 2 | 9 | 5 | 3 |
| 6 | 2 | 3 | 5 | 7 | 9 | 1 | 4 | 8 |
| 8 | 6 | 9 | 4 | 1 | 7 | 2 | 3 | 5 |
| 7 | 1 | 5 | 9 | 2 | 3 | 8 | 6 | 4 |
| 4 | 3 | 2 | 6 | 8 | 5 | 7 | 9 | 1 |
| 5 | 8 | 6 | 2 | 9 | 4 | 3 | 1 | 7 |
| 2 | 4 | 1 | 7 | 3 | 6 | 5 | 8 | 9 |
| 3 | 9 | 7 | 1 | 5 | 8 | 4 | 2 | 6 |

## #38

| 9 | 4 | 6 | 7 | 2 | 5 | 8 | 3 | 1 |
| 7 | 2 | 5 | 3 | 8 | 1 | 6 | 9 | 4 |
| 8 | 3 | 1 | 9 | 4 | 6 | 2 | 5 | 7 |
| 4 | 1 | 7 | 6 | 3 | 2 | 9 | 8 | 5 |
| 2 | 5 | 8 | 4 | 7 | 9 | 1 | 6 | 3 |
| 3 | 6 | 9 | 1 | 5 | 8 | 7 | 4 | 2 |
| 1 | 9 | 2 | 5 | 6 | 3 | 4 | 7 | 8 |
| 6 | 7 | 3 | 8 | 1 | 4 | 5 | 2 | 9 |
| 5 | 8 | 4 | 2 | 9 | 7 | 3 | 1 | 6 |

## #41

| 9 | 5 | 6 | 4 | 7 | 1 | 3 | 2 | 8 |
| 3 | 4 | 1 | 2 | 5 | 8 | 7 | 9 | 6 |
| 2 | 7 | 8 | 9 | 6 | 3 | 1 | 5 | 4 |
| 7 | 8 | 5 | 6 | 1 | 4 | 2 | 3 | 9 |
| 6 | 3 | 4 | 7 | 9 | 2 | 8 | 1 | 5 |
| 1 | 9 | 2 | 3 | 8 | 5 | 4 | 6 | 7 |
| 5 | 1 | 7 | 8 | 3 | 6 | 9 | 4 | 2 |
| 8 | 2 | 3 | 5 | 4 | 9 | 6 | 7 | 1 |
| 4 | 6 | 9 | 1 | 2 | 7 | 5 | 8 | 3 |

## #39

| 8 | 9 | 5 | 7 | 4 | 3 | 1 | 2 | 6 |
| 7 | 4 | 6 | 2 | 8 | 1 | 9 | 5 | 3 |
| 3 | 1 | 2 | 6 | 5 | 9 | 7 | 4 | 8 |
| 1 | 6 | 3 | 5 | 2 | 7 | 4 | 8 | 9 |
| 9 | 8 | 7 | 1 | 6 | 4 | 5 | 3 | 2 |
| 5 | 2 | 4 | 9 | 3 | 8 | 6 | 7 | 1 |
| 2 | 7 | 1 | 8 | 9 | 5 | 3 | 6 | 4 |
| 6 | 3 | 9 | 4 | 7 | 2 | 8 | 1 | 5 |
| 4 | 5 | 8 | 3 | 1 | 6 | 2 | 9 | 7 |

## #42

| 6 | 3 | 9 | 7 | 2 | 5 | 1 | 4 | 8 |
| 7 | 1 | 8 | 9 | 3 | 4 | 6 | 2 | 5 |
| 4 | 2 | 5 | 1 | 6 | 8 | 7 | 3 | 9 |
| 2 | 4 | 1 | 6 | 9 | 3 | 8 | 5 | 7 |
| 5 | 6 | 7 | 4 | 8 | 2 | 9 | 1 | 3 |
| 8 | 9 | 3 | 5 | 1 | 7 | 4 | 6 | 2 |
| 9 | 5 | 4 | 3 | 7 | 6 | 2 | 8 | 1 |
| 1 | 8 | 6 | 2 | 5 | 9 | 3 | 7 | 4 |
| 3 | 7 | 2 | 8 | 4 | 1 | 5 | 9 | 6 |

## #43

| | | | | | | | | |
|---|---|---|---|---|---|---|---|---|
| 7 | 4 | 1 | 8 | 5 | 9 | 6 | 3 | 2 |
| 5 | 8 | 2 | 3 | 7 | 6 | 1 | 4 | 9 |
| 9 | 3 | 6 | 4 | 2 | 1 | 8 | 7 | 5 |
| 1 | 6 | 7 | 5 | 8 | 2 | 4 | 9 | 3 |
| 8 | 2 | 9 | 6 | 4 | 3 | 7 | 5 | 1 |
| 4 | 5 | 3 | 9 | 1 | 7 | 2 | 6 | 8 |
| 2 | 1 | 4 | 7 | 3 | 5 | 9 | 8 | 6 |
| 6 | 7 | 5 | 1 | 9 | 8 | 3 | 2 | 4 |
| 3 | 9 | 8 | 2 | 6 | 4 | 5 | 1 | 7 |

## #44

| | | | | | | | | |
|---|---|---|---|---|---|---|---|---|
| 9 | 7 | 4 | 5 | 8 | 1 | 2 | 3 | 6 |
| 5 | 6 | 3 | 9 | 4 | 2 | 8 | 1 | 7 |
| 2 | 8 | 1 | 7 | 6 | 3 | 5 | 9 | 4 |
| 7 | 2 | 5 | 6 | 3 | 4 | 1 | 8 | 9 |
| 6 | 4 | 8 | 2 | 1 | 9 | 3 | 7 | 5 |
| 1 | 3 | 9 | 8 | 5 | 7 | 4 | 6 | 2 |
| 8 | 9 | 6 | 1 | 2 | 5 | 7 | 4 | 3 |
| 4 | 1 | 2 | 3 | 7 | 6 | 9 | 5 | 8 |
| 3 | 5 | 7 | 4 | 9 | 8 | 6 | 2 | 1 |

## #45

| | | | | | | | | |
|---|---|---|---|---|---|---|---|---|
| 7 | 8 | 3 | 6 | 5 | 2 | 1 | 9 | 4 |
| 9 | 1 | 4 | 3 | 7 | 8 | 5 | 2 | 6 |
| 6 | 2 | 5 | 4 | 9 | 1 | 7 | 3 | 8 |
| 2 | 6 | 8 | 9 | 3 | 5 | 4 | 1 | 7 |
| 3 | 5 | 1 | 8 | 4 | 7 | 9 | 6 | 2 |
| 4 | 7 | 9 | 2 | 1 | 6 | 8 | 5 | 3 |
| 8 | 9 | 2 | 1 | 6 | 4 | 3 | 7 | 5 |
| 1 | 4 | 7 | 5 | 2 | 3 | 6 | 8 | 9 |
| 5 | 3 | 6 | 7 | 8 | 9 | 2 | 4 | 1 |

## #46

| | | | | | | | | |
|---|---|---|---|---|---|---|---|---|
| 4 | 9 | 8 | 5 | 2 | 3 | 6 | 1 | 7 |
| 6 | 1 | 5 | 8 | 9 | 7 | 4 | 3 | 2 |
| 3 | 2 | 7 | 4 | 1 | 6 | 5 | 9 | 8 |
| 9 | 3 | 6 | 7 | 5 | 2 | 8 | 4 | 1 |
| 5 | 4 | 1 | 6 | 8 | 9 | 7 | 2 | 3 |
| 8 | 7 | 2 | 3 | 4 | 1 | 9 | 6 | 5 |
| 7 | 8 | 9 | 1 | 3 | 4 | 2 | 5 | 6 |
| 2 | 6 | 3 | 9 | 7 | 5 | 1 | 8 | 4 |
| 1 | 5 | 4 | 2 | 6 | 8 | 3 | 7 | 9 |

## #47

| | | | | | | | | |
|---|---|---|---|---|---|---|---|---|
| 2 | 7 | 1 | 5 | 4 | 8 | 6 | 3 | 9 |
| 9 | 8 | 6 | 3 | 7 | 1 | 4 | 2 | 5 |
| 4 | 3 | 5 | 9 | 6 | 2 | 1 | 8 | 7 |
| 6 | 4 | 3 | 1 | 8 | 5 | 7 | 9 | 2 |
| 1 | 5 | 9 | 7 | 2 | 6 | 8 | 4 | 3 |
| 7 | 2 | 8 | 4 | 9 | 3 | 5 | 6 | 1 |
| 8 | 1 | 4 | 2 | 3 | 7 | 9 | 5 | 6 |
| 5 | 6 | 2 | 8 | 1 | 9 | 3 | 7 | 4 |
| 3 | 9 | 7 | 6 | 5 | 4 | 2 | 1 | 8 |

## #48

| | | | | | | | | |
|---|---|---|---|---|---|---|---|---|
| 3 | 8 | 6 | 2 | 4 | 1 | 5 | 7 | 9 |
| 5 | 7 | 9 | 6 | 3 | 8 | 2 | 1 | 4 |
| 4 | 2 | 1 | 7 | 5 | 9 | 6 | 8 | 3 |
| 7 | 4 | 8 | 1 | 6 | 5 | 3 | 9 | 2 |
| 6 | 3 | 5 | 9 | 8 | 2 | 7 | 4 | 1 |
| 9 | 1 | 2 | 3 | 7 | 4 | 8 | 6 | 5 |
| 8 | 9 | 4 | 5 | 2 | 6 | 1 | 3 | 7 |
| 2 | 6 | 3 | 4 | 1 | 7 | 9 | 5 | 8 |
| 1 | 5 | 7 | 8 | 9 | 3 | 4 | 2 | 6 |

## #49

| | | | | | | | | |
|---|---|---|---|---|---|---|---|---|
| 3 | 4 | 8 | 2 | 6 | 1 | 9 | 7 | 5 |
| 1 | 7 | 2 | 5 | 3 | 9 | 8 | 4 | 6 |
| 6 | 9 | 5 | 4 | 8 | 7 | 3 | 1 | 2 |
| 7 | 6 | 1 | 9 | 5 | 8 | 4 | 2 | 3 |
| 9 | 8 | 4 | 1 | 2 | 3 | 6 | 5 | 7 |
| 5 | 2 | 3 | 6 | 7 | 4 | 1 | 9 | 8 |
| 4 | 5 | 7 | 8 | 9 | 6 | 2 | 3 | 1 |
| 2 | 1 | 6 | 3 | 4 | 5 | 7 | 8 | 9 |
| 8 | 3 | 9 | 7 | 1 | 2 | 5 | 6 | 4 |

## #50

| | | | | | | | | |
|---|---|---|---|---|---|---|---|---|
| 5 | 9 | 6 | 3 | 2 | 4 | 7 | 1 | 8 |
| 8 | 1 | 4 | 9 | 7 | 6 | 2 | 5 | 3 |
| 7 | 2 | 3 | 1 | 8 | 5 | 6 | 9 | 4 |
| 4 | 5 | 2 | 8 | 1 | 9 | 3 | 6 | 7 |
| 6 | 8 | 7 | 4 | 5 | 3 | 9 | 2 | 1 |
| 1 | 3 | 9 | 7 | 6 | 2 | 4 | 8 | 5 |
| 2 | 7 | 1 | 6 | 4 | 8 | 5 | 3 | 9 |
| 3 | 6 | 8 | 5 | 9 | 7 | 1 | 4 | 2 |
| 9 | 4 | 5 | 2 | 3 | 1 | 8 | 7 | 6 |

## #51

| | | | | | | | | |
|---|---|---|---|---|---|---|---|---|
| 2 | 6 | 1 | 9 | 3 | 7 | 8 | 4 | 5 |
| 7 | 5 | 4 | 1 | 2 | 8 | 6 | 3 | 9 |
| 8 | 3 | 9 | 4 | 6 | 5 | 1 | 7 | 2 |
| 5 | 9 | 6 | 3 | 4 | 2 | 7 | 1 | 8 |
| 3 | 2 | 7 | 5 | 8 | 1 | 9 | 6 | 4 |
| 1 | 4 | 8 | 6 | 7 | 9 | 5 | 2 | 3 |
| 4 | 7 | 2 | 8 | 5 | 6 | 3 | 9 | 1 |
| 9 | 8 | 3 | 7 | 1 | 4 | 2 | 5 | 6 |
| 6 | 1 | 5 | 2 | 9 | 3 | 4 | 8 | 7 |

## #52

| | | | | | | | | |
|---|---|---|---|---|---|---|---|---|
| 5 | 7 | 8 | 1 | 9 | 4 | 6 | 3 | 2 |
| 3 | 2 | 6 | 5 | 8 | 7 | 4 | 9 | 1 |
| 1 | 9 | 4 | 3 | 2 | 6 | 7 | 8 | 5 |
| 7 | 1 | 9 | 2 | 6 | 5 | 3 | 4 | 8 |
| 4 | 3 | 5 | 8 | 1 | 9 | 2 | 7 | 6 |
| 8 | 6 | 2 | 4 | 7 | 3 | 1 | 5 | 9 |
| 6 | 5 | 3 | 9 | 4 | 2 | 8 | 1 | 7 |
| 2 | 4 | 1 | 7 | 5 | 8 | 9 | 6 | 3 |
| 9 | 8 | 7 | 6 | 3 | 1 | 5 | 2 | 4 |

## #53

| | | | | | | | | |
|---|---|---|---|---|---|---|---|---|
| 7 | 2 | 5 | 4 | 9 | 1 | 3 | 6 | 8 |
| 8 | 4 | 1 | 5 | 6 | 3 | 2 | 7 | 9 |
| 6 | 9 | 3 | 7 | 8 | 2 | 1 | 5 | 4 |
| 5 | 1 | 2 | 9 | 4 | 7 | 6 | 8 | 3 |
| 9 | 3 | 6 | 8 | 2 | 5 | 4 | 1 | 7 |
| 4 | 7 | 8 | 1 | 3 | 6 | 9 | 2 | 5 |
| 2 | 6 | 7 | 3 | 5 | 9 | 8 | 4 | 1 |
| 3 | 5 | 4 | 2 | 1 | 8 | 7 | 9 | 6 |
| 1 | 8 | 9 | 6 | 7 | 4 | 5 | 3 | 2 |

## #54

| | | | | | | | | |
|---|---|---|---|---|---|---|---|---|
| 2 | 9 | 5 | 4 | 6 | 1 | 3 | 7 | 8 |
| 8 | 1 | 7 | 2 | 5 | 3 | 6 | 9 | 4 |
| 4 | 6 | 3 | 9 | 8 | 7 | 5 | 1 | 2 |
| 7 | 3 | 1 | 5 | 2 | 6 | 8 | 4 | 9 |
| 5 | 2 | 9 | 1 | 4 | 8 | 7 | 3 | 6 |
| 6 | 4 | 8 | 3 | 7 | 9 | 2 | 5 | 1 |
| 3 | 5 | 2 | 8 | 1 | 4 | 9 | 6 | 7 |
| 1 | 8 | 6 | 7 | 9 | 5 | 4 | 2 | 3 |
| 9 | 7 | 4 | 6 | 3 | 2 | 1 | 8 | 5 |

# #55

| | | | | | | | | |
|---|---|---|---|---|---|---|---|---|
| 4 | 7 | 2 | 9 | 8 | 1 | 6 | 5 | 3 |
| 9 | 8 | 3 | 7 | 5 | 6 | 2 | 4 | 1 |
| 1 | 5 | 6 | 2 | 4 | 3 | 7 | 9 | 8 |
| 7 | 3 | 9 | 8 | 6 | 5 | 1 | 2 | 4 |
| 2 | 6 | 8 | 4 | 1 | 7 | 9 | 3 | 5 |
| 5 | 1 | 4 | 3 | 9 | 2 | 8 | 6 | 7 |
| 6 | 9 | 1 | 5 | 3 | 8 | 4 | 7 | 2 |
| 8 | 2 | 5 | 6 | 7 | 4 | 3 | 1 | 9 |
| 3 | 4 | 7 | 1 | 2 | 9 | 5 | 8 | 6 |

# #56

| | | | | | | | | |
|---|---|---|---|---|---|---|---|---|
| 2 | 3 | 6 | 8 | 1 | 5 | 4 | 9 | 7 |
| 9 | 1 | 4 | 3 | 7 | 2 | 6 | 5 | 8 |
| 8 | 5 | 7 | 9 | 6 | 4 | 2 | 1 | 3 |
| 4 | 6 | 8 | 5 | 3 | 9 | 7 | 2 | 1 |
| 3 | 7 | 1 | 2 | 8 | 6 | 5 | 4 | 9 |
| 5 | 9 | 2 | 1 | 4 | 7 | 8 | 3 | 6 |
| 7 | 2 | 5 | 6 | 9 | 1 | 3 | 8 | 4 |
| 1 | 4 | 3 | 7 | 2 | 8 | 9 | 6 | 5 |
| 6 | 8 | 9 | 4 | 5 | 3 | 1 | 7 | 2 |

# #57

| | | | | | | | | |
|---|---|---|---|---|---|---|---|---|
| 2 | 9 | 6 | 8 | 4 | 7 | 1 | 5 | 3 |
| 1 | 8 | 4 | 2 | 3 | 5 | 6 | 9 | 7 |
| 3 | 7 | 5 | 9 | 6 | 1 | 8 | 2 | 4 |
| 5 | 6 | 2 | 4 | 8 | 9 | 3 | 7 | 1 |
| 9 | 3 | 7 | 1 | 2 | 6 | 5 | 4 | 8 |
| 8 | 4 | 1 | 5 | 7 | 3 | 2 | 6 | 9 |
| 6 | 1 | 9 | 3 | 5 | 4 | 7 | 8 | 2 |
| 4 | 5 | 8 | 7 | 1 | 2 | 9 | 3 | 6 |
| 7 | 2 | 3 | 6 | 9 | 8 | 4 | 1 | 5 |

# #58

| | | | | | | | | |
|---|---|---|---|---|---|---|---|---|
| 9 | 6 | 7 | 4 | 1 | 5 | 8 | 2 | 3 |
| 3 | 5 | 8 | 7 | 2 | 9 | 1 | 6 | 4 |
| 2 | 1 | 4 | 3 | 6 | 8 | 9 | 5 | 7 |
| 5 | 3 | 6 | 1 | 8 | 4 | 7 | 9 | 2 |
| 4 | 9 | 1 | 5 | 7 | 2 | 6 | 3 | 8 |
| 7 | 8 | 2 | 9 | 3 | 6 | 4 | 1 | 5 |
| 6 | 2 | 3 | 8 | 4 | 1 | 5 | 7 | 9 |
| 8 | 7 | 9 | 6 | 5 | 3 | 2 | 4 | 1 |
| 1 | 4 | 5 | 2 | 9 | 7 | 3 | 8 | 6 |

# #59

| | | | | | | | | |
|---|---|---|---|---|---|---|---|---|
| 9 | 3 | 8 | 2 | 1 | 4 | 7 | 6 | 5 |
| 4 | 1 | 7 | 6 | 9 | 5 | 3 | 2 | 8 |
| 5 | 6 | 2 | 8 | 3 | 7 | 4 | 1 | 9 |
| 6 | 8 | 1 | 4 | 5 | 2 | 9 | 7 | 3 |
| 7 | 9 | 3 | 1 | 6 | 8 | 2 | 5 | 4 |
| 2 | 4 | 5 | 9 | 7 | 3 | 1 | 8 | 6 |
| 8 | 5 | 9 | 3 | 2 | 1 | 6 | 4 | 7 |
| 1 | 7 | 6 | 5 | 4 | 9 | 8 | 3 | 2 |
| 3 | 2 | 4 | 7 | 8 | 6 | 5 | 9 | 1 |

# #60

| | | | | | | | | |
|---|---|---|---|---|---|---|---|---|
| 8 | 5 | 6 | 9 | 3 | 2 | 4 | 1 | 7 |
| 4 | 9 | 1 | 7 | 6 | 5 | 3 | 2 | 8 |
| 3 | 2 | 7 | 1 | 4 | 8 | 9 | 6 | 5 |
| 9 | 1 | 5 | 8 | 2 | 6 | 7 | 3 | 4 |
| 2 | 3 | 4 | 5 | 9 | 7 | 6 | 8 | 1 |
| 7 | 6 | 8 | 4 | 1 | 3 | 5 | 9 | 2 |
| 1 | 4 | 3 | 2 | 7 | 9 | 8 | 5 | 6 |
| 6 | 8 | 2 | 3 | 5 | 4 | 1 | 7 | 9 |
| 5 | 7 | 9 | 6 | 8 | 1 | 2 | 4 | 3 |

## #61

| | | | | | | | | |
|---|---|---|---|---|---|---|---|---|
| 8 | 3 | 1 | 5 | 2 | 6 | 9 | 7 | 4 |
| 4 | 7 | 2 | 8 | 9 | 1 | 6 | 5 | 3 |
| 5 | 6 | 9 | 3 | 4 | 7 | 2 | 8 | 1 |
| 9 | 1 | 7 | 4 | 5 | 2 | 3 | 6 | 8 |
| 6 | 8 | 3 | 7 | 1 | 9 | 5 | 4 | 2 |
| 2 | 5 | 4 | 6 | 3 | 8 | 7 | 1 | 9 |
| 3 | 2 | 6 | 1 | 8 | 5 | 4 | 9 | 7 |
| 1 | 4 | 5 | 9 | 7 | 3 | 8 | 2 | 6 |
| 7 | 9 | 8 | 2 | 6 | 4 | 1 | 3 | 5 |

## #62

| | | | | | | | | |
|---|---|---|---|---|---|---|---|---|
| 5 | 8 | 3 | 4 | 9 | 2 | 7 | 6 | 1 |
| 1 | 4 | 9 | 6 | 3 | 7 | 5 | 8 | 2 |
| 6 | 7 | 2 | 8 | 5 | 1 | 4 | 9 | 3 |
| 3 | 1 | 8 | 5 | 7 | 4 | 9 | 2 | 6 |
| 9 | 6 | 4 | 2 | 1 | 8 | 3 | 7 | 5 |
| 7 | 2 | 5 | 3 | 6 | 9 | 1 | 4 | 8 |
| 2 | 9 | 6 | 1 | 4 | 3 | 8 | 5 | 7 |
| 8 | 3 | 7 | 9 | 2 | 5 | 6 | 1 | 4 |
| 4 | 5 | 1 | 7 | 8 | 6 | 2 | 3 | 9 |

## #63

| | | | | | | | | |
|---|---|---|---|---|---|---|---|---|
| 1 | 8 | 4 | 3 | 5 | 7 | 9 | 6 | 2 |
| 9 | 3 | 2 | 6 | 4 | 1 | 5 | 7 | 8 |
| 6 | 7 | 5 | 2 | 8 | 9 | 1 | 3 | 4 |
| 5 | 2 | 8 | 1 | 6 | 4 | 7 | 9 | 3 |
| 3 | 1 | 6 | 7 | 9 | 2 | 4 | 8 | 5 |
| 7 | 4 | 9 | 8 | 3 | 5 | 6 | 2 | 1 |
| 8 | 5 | 3 | 4 | 7 | 6 | 2 | 1 | 9 |
| 2 | 9 | 7 | 5 | 1 | 3 | 8 | 4 | 6 |
| 4 | 6 | 1 | 9 | 2 | 8 | 3 | 5 | 7 |

## #64

| | | | | | | | | |
|---|---|---|---|---|---|---|---|---|
| 4 | 2 | 3 | 9 | 1 | 6 | 8 | 5 | 7 |
| 1 | 8 | 5 | 4 | 2 | 7 | 3 | 9 | 6 |
| 6 | 7 | 9 | 8 | 5 | 3 | 4 | 2 | 1 |
| 9 | 1 | 8 | 6 | 7 | 4 | 5 | 3 | 2 |
| 3 | 5 | 2 | 1 | 9 | 8 | 7 | 6 | 4 |
| 7 | 4 | 6 | 2 | 3 | 5 | 9 | 1 | 8 |
| 5 | 6 | 4 | 3 | 8 | 2 | 1 | 7 | 9 |
| 8 | 3 | 1 | 7 | 6 | 9 | 2 | 4 | 5 |
| 2 | 9 | 7 | 5 | 4 | 1 | 6 | 8 | 3 |

## #65

| | | | | | | | | |
|---|---|---|---|---|---|---|---|---|
| 4 | 5 | 3 | 9 | 1 | 8 | 2 | 6 | 7 |
| 6 | 8 | 1 | 2 | 7 | 3 | 4 | 5 | 9 |
| 2 | 7 | 9 | 6 | 5 | 4 | 8 | 1 | 3 |
| 3 | 9 | 2 | 5 | 4 | 7 | 1 | 8 | 6 |
| 1 | 6 | 7 | 8 | 3 | 2 | 5 | 9 | 4 |
| 8 | 4 | 5 | 1 | 6 | 9 | 7 | 3 | 2 |
| 7 | 2 | 8 | 3 | 9 | 1 | 6 | 4 | 5 |
| 5 | 3 | 4 | 7 | 8 | 6 | 9 | 2 | 1 |
| 9 | 1 | 6 | 4 | 2 | 5 | 3 | 7 | 8 |

## #66

| | | | | | | | | |
|---|---|---|---|---|---|---|---|---|
| 1 | 8 | 5 | 3 | 4 | 2 | 9 | 6 | 7 |
| 7 | 4 | 9 | 6 | 5 | 1 | 2 | 8 | 3 |
| 6 | 3 | 2 | 9 | 8 | 7 | 5 | 1 | 4 |
| 2 | 1 | 8 | 5 | 3 | 9 | 4 | 7 | 6 |
| 5 | 7 | 3 | 1 | 6 | 4 | 8 | 9 | 2 |
| 4 | 9 | 6 | 7 | 2 | 8 | 1 | 3 | 5 |
| 8 | 5 | 7 | 4 | 1 | 6 | 3 | 2 | 9 |
| 3 | 6 | 1 | 2 | 9 | 5 | 7 | 4 | 8 |
| 9 | 2 | 4 | 8 | 7 | 3 | 6 | 5 | 1 |

## #67

| | | | | | | | | |
|---|---|---|---|---|---|---|---|---|
| 2 | 5 | 9 | 3 | 6 | 8 | 4 | 7 | 1 |
| 4 | 1 | 3 | 7 | 9 | 5 | 8 | 6 | 2 |
| 6 | 7 | 8 | 1 | 4 | 2 | 9 | 5 | 3 |
| 7 | 9 | 6 | 5 | 8 | 3 | 2 | 1 | 4 |
| 5 | 4 | 1 | 2 | 7 | 9 | 3 | 8 | 6 |
| 8 | 3 | 2 | 4 | 1 | 6 | 5 | 9 | 7 |
| 1 | 8 | 5 | 6 | 2 | 4 | 7 | 3 | 9 |
| 9 | 6 | 4 | 8 | 3 | 7 | 1 | 2 | 5 |
| 3 | 2 | 7 | 9 | 5 | 1 | 6 | 4 | 8 |

## #68

| | | | | | | | | |
|---|---|---|---|---|---|---|---|---|
| 3 | 2 | 8 | 7 | 9 | 4 | 5 | 1 | 6 |
| 1 | 5 | 4 | 8 | 6 | 2 | 7 | 3 | 9 |
| 9 | 6 | 7 | 1 | 5 | 3 | 2 | 4 | 8 |
| 2 | 9 | 3 | 4 | 7 | 6 | 8 | 5 | 1 |
| 4 | 7 | 1 | 3 | 8 | 5 | 6 | 9 | 2 |
| 6 | 8 | 5 | 2 | 1 | 9 | 4 | 7 | 3 |
| 7 | 3 | 6 | 5 | 2 | 1 | 9 | 8 | 4 |
| 8 | 4 | 2 | 9 | 3 | 7 | 1 | 6 | 5 |
| 5 | 1 | 9 | 6 | 4 | 8 | 3 | 2 | 7 |

## #69

| | | | | | | | | |
|---|---|---|---|---|---|---|---|---|
| 5 | 8 | 1 | 9 | 2 | 6 | 3 | 7 | 4 |
| 2 | 6 | 3 | 4 | 1 | 7 | 8 | 5 | 9 |
| 4 | 7 | 9 | 8 | 5 | 3 | 2 | 6 | 1 |
| 7 | 4 | 6 | 2 | 8 | 5 | 1 | 9 | 3 |
| 9 | 2 | 8 | 3 | 6 | 1 | 7 | 4 | 5 |
| 1 | 3 | 5 | 7 | 4 | 9 | 6 | 2 | 8 |
| 8 | 9 | 2 | 6 | 3 | 4 | 5 | 1 | 7 |
| 6 | 1 | 4 | 5 | 7 | 8 | 9 | 3 | 2 |
| 3 | 5 | 7 | 1 | 9 | 2 | 4 | 8 | 6 |

## #70

| | | | | | | | | |
|---|---|---|---|---|---|---|---|---|
| 9 | 6 | 8 | 5 | 3 | 1 | 7 | 4 | 2 |
| 5 | 7 | 2 | 9 | 4 | 6 | 8 | 1 | 3 |
| 4 | 3 | 1 | 7 | 8 | 2 | 9 | 6 | 5 |
| 2 | 9 | 6 | 8 | 5 | 3 | 4 | 7 | 1 |
| 7 | 8 | 4 | 2 | 1 | 9 | 3 | 5 | 6 |
| 3 | 1 | 5 | 6 | 7 | 4 | 2 | 8 | 9 |
| 8 | 4 | 3 | 1 | 9 | 5 | 6 | 2 | 7 |
| 6 | 5 | 7 | 3 | 2 | 8 | 1 | 9 | 4 |
| 1 | 2 | 9 | 4 | 6 | 7 | 5 | 3 | 8 |

## #71

| | | | | | | | | |
|---|---|---|---|---|---|---|---|---|
| 9 | 6 | 5 | 7 | 3 | 8 | 4 | 1 | 2 |
| 1 | 7 | 4 | 9 | 2 | 5 | 6 | 3 | 8 |
| 3 | 2 | 8 | 1 | 6 | 4 | 7 | 5 | 9 |
| 6 | 5 | 2 | 8 | 7 | 9 | 3 | 4 | 1 |
| 4 | 3 | 9 | 6 | 5 | 1 | 8 | 2 | 7 |
| 8 | 1 | 7 | 2 | 4 | 3 | 5 | 9 | 6 |
| 7 | 9 | 3 | 5 | 8 | 2 | 1 | 6 | 4 |
| 2 | 4 | 6 | 3 | 1 | 7 | 9 | 8 | 5 |
| 5 | 8 | 1 | 4 | 9 | 6 | 2 | 7 | 3 |

## #72

| | | | | | | | | |
|---|---|---|---|---|---|---|---|---|
| 2 | 5 | 6 | 4 | 8 | 1 | 3 | 7 | 9 |
| 1 | 9 | 7 | 3 | 5 | 2 | 8 | 4 | 6 |
| 8 | 3 | 4 | 7 | 9 | 6 | 5 | 1 | 2 |
| 5 | 7 | 8 | 2 | 3 | 4 | 9 | 6 | 1 |
| 3 | 6 | 1 | 8 | 7 | 9 | 2 | 5 | 4 |
| 4 | 2 | 9 | 6 | 1 | 5 | 7 | 8 | 3 |
| 7 | 4 | 5 | 1 | 2 | 3 | 6 | 9 | 8 |
| 6 | 8 | 2 | 9 | 4 | 7 | 1 | 3 | 5 |
| 9 | 1 | 3 | 5 | 6 | 8 | 4 | 2 | 7 |

## #73

| | | | | | | | | |
|---|---|---|---|---|---|---|---|---|
| 3 | 4 | 1 | 9 | 6 | 2 | 5 | 7 | 8 |
| 5 | 8 | 6 | 1 | 3 | 7 | 2 | 4 | 9 |
| 2 | 9 | 7 | 5 | 8 | 4 | 1 | 3 | 6 |
| 1 | 2 | 8 | 3 | 5 | 9 | 4 | 6 | 7 |
| 4 | 6 | 3 | 7 | 1 | 8 | 9 | 2 | 5 |
| 9 | 7 | 5 | 2 | 4 | 6 | 3 | 8 | 1 |
| 6 | 1 | 4 | 8 | 2 | 5 | 7 | 9 | 3 |
| 8 | 5 | 9 | 4 | 7 | 3 | 6 | 1 | 2 |
| 7 | 3 | 2 | 6 | 9 | 1 | 8 | 5 | 4 |

## #74

| | | | | | | | | |
|---|---|---|---|---|---|---|---|---|
| 4 | 2 | 8 | 6 | 3 | 9 | 1 | 7 | 5 |
| 6 | 5 | 9 | 7 | 1 | 8 | 2 | 3 | 4 |
| 1 | 7 | 3 | 5 | 4 | 2 | 9 | 6 | 8 |
| 7 | 3 | 5 | 1 | 9 | 6 | 4 | 8 | 2 |
| 9 | 4 | 2 | 8 | 7 | 3 | 6 | 5 | 1 |
| 8 | 1 | 6 | 2 | 5 | 4 | 3 | 9 | 7 |
| 5 | 9 | 7 | 4 | 6 | 1 | 8 | 2 | 3 |
| 3 | 8 | 1 | 9 | 2 | 5 | 7 | 4 | 6 |
| 2 | 6 | 4 | 3 | 8 | 7 | 5 | 1 | 9 |

## #75

| | | | | | | | | |
|---|---|---|---|---|---|---|---|---|
| 7 | 2 | 4 | 1 | 6 | 3 | 8 | 5 | 9 |
| 3 | 1 | 8 | 9 | 7 | 5 | 6 | 4 | 2 |
| 9 | 5 | 6 | 8 | 2 | 4 | 1 | 3 | 7 |
| 1 | 9 | 3 | 2 | 4 | 7 | 5 | 6 | 8 |
| 6 | 8 | 5 | 3 | 9 | 1 | 7 | 2 | 4 |
| 4 | 7 | 2 | 5 | 8 | 6 | 9 | 1 | 3 |
| 5 | 4 | 1 | 7 | 3 | 9 | 2 | 8 | 6 |
| 8 | 6 | 7 | 4 | 5 | 2 | 3 | 9 | 1 |
| 2 | 3 | 9 | 6 | 1 | 8 | 4 | 7 | 5 |

## #76

| | | | | | | | | |
|---|---|---|---|---|---|---|---|---|
| 2 | 5 | 4 | 6 | 1 | 8 | 9 | 3 | 7 |
| 8 | 3 | 1 | 7 | 4 | 9 | 6 | 2 | 5 |
| 9 | 7 | 6 | 5 | 2 | 3 | 8 | 1 | 4 |
| 6 | 1 | 5 | 3 | 8 | 7 | 4 | 9 | 2 |
| 4 | 2 | 3 | 1 | 9 | 6 | 7 | 5 | 8 |
| 7 | 9 | 8 | 4 | 5 | 2 | 1 | 6 | 3 |
| 3 | 8 | 9 | 2 | 7 | 1 | 5 | 4 | 6 |
| 1 | 4 | 2 | 8 | 6 | 5 | 3 | 7 | 9 |
| 5 | 6 | 7 | 9 | 3 | 4 | 2 | 8 | 1 |

## #77

| | | | | | | | | |
|---|---|---|---|---|---|---|---|---|
| 3 | 7 | 2 | 6 | 1 | 4 | 9 | 5 | 8 |
| 8 | 1 | 9 | 7 | 2 | 5 | 3 | 6 | 4 |
| 5 | 6 | 4 | 3 | 8 | 9 | 1 | 7 | 2 |
| 9 | 5 | 3 | 1 | 7 | 8 | 4 | 2 | 6 |
| 2 | 4 | 7 | 9 | 5 | 6 | 8 | 1 | 3 |
| 1 | 8 | 6 | 2 | 4 | 3 | 7 | 9 | 5 |
| 7 | 3 | 8 | 5 | 9 | 2 | 6 | 4 | 1 |
| 6 | 2 | 1 | 4 | 3 | 7 | 5 | 8 | 9 |
| 4 | 9 | 5 | 8 | 6 | 1 | 2 | 3 | 7 |

## #78

| | | | | | | | | |
|---|---|---|---|---|---|---|---|---|
| 4 | 9 | 3 | 5 | 2 | 1 | 8 | 7 | 6 |
| 5 | 2 | 8 | 6 | 3 | 7 | 9 | 4 | 1 |
| 1 | 6 | 7 | 9 | 4 | 8 | 2 | 3 | 5 |
| 2 | 3 | 4 | 7 | 6 | 5 | 1 | 8 | 9 |
| 6 | 5 | 9 | 1 | 8 | 3 | 7 | 2 | 4 |
| 8 | 7 | 1 | 2 | 9 | 4 | 6 | 5 | 3 |
| 3 | 1 | 5 | 8 | 7 | 6 | 4 | 9 | 2 |
| 9 | 8 | 6 | 4 | 5 | 2 | 3 | 1 | 7 |
| 7 | 4 | 2 | 3 | 1 | 9 | 5 | 6 | 8 |

## #79

| | | | | | | | | |
|---|---|---|---|---|---|---|---|---|
| 2 | 3 | 9 | 1 | 8 | 7 | 6 | 4 | 5 |
| 6 | 7 | 8 | 4 | 5 | 3 | 2 | 9 | 1 |
| 5 | 1 | 4 | 6 | 2 | 9 | 8 | 7 | 3 |
| 8 | 2 | 6 | 9 | 7 | 1 | 3 | 5 | 4 |
| 7 | 9 | 5 | 2 | 3 | 4 | 1 | 6 | 8 |
| 1 | 4 | 3 | 8 | 6 | 5 | 9 | 2 | 7 |
| 4 | 6 | 1 | 5 | 9 | 8 | 7 | 3 | 2 |
| 9 | 8 | 7 | 3 | 4 | 2 | 5 | 1 | 6 |
| 3 | 5 | 2 | 7 | 1 | 6 | 4 | 8 | 9 |

## #80

| | | | | | | | | |
|---|---|---|---|---|---|---|---|---|
| 7 | 4 | 1 | 3 | 5 | 6 | 8 | 2 | 9 |
| 8 | 2 | 3 | 4 | 9 | 7 | 1 | 6 | 5 |
| 5 | 6 | 9 | 2 | 1 | 8 | 7 | 4 | 3 |
| 9 | 1 | 7 | 8 | 6 | 4 | 5 | 3 | 2 |
| 2 | 5 | 4 | 7 | 3 | 1 | 9 | 8 | 6 |
| 3 | 8 | 6 | 9 | 2 | 5 | 4 | 7 | 1 |
| 4 | 9 | 2 | 5 | 8 | 3 | 6 | 1 | 7 |
| 1 | 7 | 5 | 6 | 4 | 2 | 3 | 9 | 8 |
| 6 | 3 | 8 | 1 | 7 | 9 | 2 | 5 | 4 |

## #81

| | | | | | | | | |
|---|---|---|---|---|---|---|---|---|
| 6 | 4 | 8 | 5 | 3 | 7 | 1 | 9 | 2 |
| 1 | 7 | 9 | 6 | 8 | 2 | 5 | 3 | 4 |
| 3 | 5 | 2 | 1 | 9 | 4 | 7 | 8 | 6 |
| 8 | 3 | 6 | 4 | 5 | 9 | 2 | 1 | 7 |
| 5 | 9 | 7 | 3 | 2 | 1 | 4 | 6 | 8 |
| 2 | 1 | 4 | 7 | 6 | 8 | 3 | 5 | 9 |
| 9 | 8 | 1 | 2 | 7 | 3 | 6 | 4 | 5 |
| 7 | 6 | 3 | 8 | 4 | 5 | 9 | 2 | 1 |
| 4 | 2 | 5 | 9 | 1 | 6 | 8 | 7 | 3 |

## #82

| | | | | | | | | |
|---|---|---|---|---|---|---|---|---|
| 8 | 9 | 5 | 1 | 2 | 7 | 4 | 3 | 6 |
| 3 | 4 | 1 | 5 | 9 | 6 | 2 | 8 | 7 |
| 2 | 6 | 7 | 8 | 4 | 3 | 9 | 5 | 1 |
| 5 | 3 | 4 | 6 | 1 | 9 | 8 | 7 | 2 |
| 1 | 2 | 6 | 3 | 7 | 8 | 5 | 4 | 9 |
| 9 | 7 | 8 | 2 | 5 | 4 | 6 | 1 | 3 |
| 7 | 1 | 9 | 4 | 6 | 5 | 3 | 2 | 8 |
| 6 | 5 | 3 | 7 | 8 | 2 | 1 | 9 | 4 |
| 4 | 8 | 2 | 9 | 3 | 1 | 7 | 6 | 5 |

## #83

| | | | | | | | | |
|---|---|---|---|---|---|---|---|---|
| 5 | 2 | 1 | 3 | 8 | 6 | 7 | 9 | 4 |
| 4 | 9 | 6 | 5 | 7 | 2 | 3 | 8 | 1 |
| 3 | 8 | 7 | 4 | 9 | 1 | 2 | 6 | 5 |
| 2 | 6 | 3 | 1 | 4 | 7 | 8 | 5 | 9 |
| 1 | 4 | 8 | 2 | 5 | 9 | 6 | 3 | 7 |
| 9 | 7 | 5 | 6 | 3 | 8 | 1 | 4 | 2 |
| 7 | 1 | 4 | 9 | 6 | 3 | 5 | 2 | 8 |
| 6 | 5 | 2 | 8 | 1 | 4 | 9 | 7 | 3 |
| 8 | 3 | 9 | 7 | 2 | 5 | 4 | 1 | 6 |

## #84

| | | | | | | | | |
|---|---|---|---|---|---|---|---|---|
| 1 | 5 | 9 | 3 | 8 | 6 | 7 | 4 | 2 |
| 6 | 7 | 2 | 5 | 4 | 1 | 8 | 9 | 3 |
| 3 | 8 | 4 | 2 | 7 | 9 | 6 | 5 | 1 |
| 5 | 1 | 8 | 7 | 2 | 3 | 9 | 6 | 4 |
| 4 | 9 | 3 | 1 | 6 | 5 | 2 | 7 | 8 |
| 2 | 6 | 7 | 8 | 9 | 4 | 1 | 3 | 5 |
| 8 | 2 | 5 | 6 | 3 | 7 | 4 | 1 | 9 |
| 7 | 4 | 1 | 9 | 5 | 8 | 3 | 2 | 6 |
| 9 | 3 | 6 | 4 | 1 | 2 | 5 | 8 | 7 |

## #85

| | | | | | | | | |
|---|---|---|---|---|---|---|---|---|
| 3 | 8 | 9 | 5 | 2 | 4 | 1 | 7 | 6 |
| 1 | 7 | 5 | 8 | 6 | 9 | 3 | 2 | 4 |
| 4 | 2 | 6 | 7 | 3 | 1 | 5 | 8 | 9 |
| 2 | 6 | 4 | 9 | 1 | 8 | 7 | 3 | 5 |
| 9 | 1 | 7 | 3 | 4 | 5 | 2 | 6 | 8 |
| 8 | 5 | 3 | 2 | 7 | 6 | 9 | 4 | 1 |
| 6 | 4 | 2 | 1 | 5 | 3 | 8 | 9 | 7 |
| 5 | 3 | 8 | 6 | 9 | 7 | 4 | 1 | 2 |
| 7 | 9 | 1 | 4 | 8 | 2 | 6 | 5 | 3 |

## #86

| | | | | | | | | |
|---|---|---|---|---|---|---|---|---|
| 2 | 8 | 1 | 3 | 6 | 7 | 4 | 9 | 5 |
| 7 | 5 | 9 | 8 | 1 | 4 | 2 | 6 | 3 |
| 3 | 6 | 4 | 5 | 2 | 9 | 7 | 8 | 1 |
| 9 | 2 | 5 | 6 | 7 | 8 | 3 | 1 | 4 |
| 4 | 1 | 8 | 9 | 3 | 5 | 6 | 2 | 7 |
| 6 | 7 | 3 | 1 | 4 | 2 | 9 | 5 | 8 |
| 8 | 9 | 6 | 4 | 5 | 3 | 1 | 7 | 2 |
| 5 | 3 | 2 | 7 | 9 | 1 | 8 | 4 | 6 |
| 1 | 4 | 7 | 2 | 8 | 6 | 5 | 3 | 9 |

## #87

| | | | | | | | | |
|---|---|---|---|---|---|---|---|---|
| 7 | 2 | 9 | 3 | 5 | 1 | 6 | 8 | 4 |
| 8 | 3 | 5 | 9 | 6 | 4 | 1 | 2 | 7 |
| 4 | 6 | 1 | 8 | 7 | 2 | 5 | 3 | 9 |
| 3 | 4 | 8 | 7 | 1 | 9 | 2 | 5 | 6 |
| 2 | 1 | 6 | 5 | 4 | 8 | 9 | 7 | 3 |
| 5 | 9 | 7 | 6 | 2 | 3 | 4 | 1 | 8 |
| 9 | 8 | 4 | 2 | 3 | 5 | 7 | 6 | 1 |
| 6 | 5 | 3 | 1 | 9 | 7 | 8 | 4 | 2 |
| 1 | 7 | 2 | 4 | 8 | 6 | 3 | 9 | 5 |

## #88

| | | | | | | | | |
|---|---|---|---|---|---|---|---|---|
| 6 | 2 | 5 | 4 | 1 | 3 | 9 | 7 | 8 |
| 4 | 7 | 1 | 5 | 8 | 9 | 3 | 6 | 2 |
| 3 | 8 | 9 | 2 | 7 | 6 | 4 | 5 | 1 |
| 9 | 5 | 6 | 3 | 2 | 7 | 8 | 1 | 4 |
| 8 | 1 | 2 | 9 | 4 | 5 | 6 | 3 | 7 |
| 7 | 4 | 3 | 8 | 6 | 1 | 5 | 2 | 9 |
| 5 | 6 | 8 | 7 | 9 | 2 | 1 | 4 | 3 |
| 1 | 9 | 7 | 6 | 3 | 4 | 2 | 8 | 5 |
| 2 | 3 | 4 | 1 | 5 | 8 | 7 | 9 | 6 |

## #89

| | | | | | | | | |
|---|---|---|---|---|---|---|---|---|
| 3 | 8 | 2 | 7 | 6 | 4 | 9 | 1 | 5 |
| 1 | 6 | 7 | 9 | 5 | 8 | 4 | 2 | 3 |
| 4 | 9 | 5 | 3 | 1 | 2 | 8 | 6 | 7 |
| 8 | 7 | 9 | 5 | 3 | 6 | 2 | 4 | 1 |
| 5 | 2 | 1 | 8 | 4 | 7 | 3 | 9 | 6 |
| 6 | 3 | 4 | 1 | 2 | 9 | 7 | 5 | 8 |
| 7 | 4 | 8 | 6 | 9 | 1 | 5 | 3 | 2 |
| 9 | 5 | 6 | 2 | 7 | 3 | 1 | 8 | 4 |
| 2 | 1 | 3 | 4 | 8 | 5 | 6 | 7 | 9 |

## #90

| | | | | | | | | |
|---|---|---|---|---|---|---|---|---|
| 9 | 7 | 5 | 8 | 1 | 6 | 2 | 3 | 4 |
| 8 | 3 | 4 | 7 | 2 | 9 | 6 | 5 | 1 |
| 2 | 6 | 1 | 4 | 5 | 3 | 7 | 8 | 9 |
| 7 | 2 | 8 | 5 | 9 | 4 | 1 | 6 | 3 |
| 3 | 1 | 9 | 6 | 8 | 7 | 4 | 2 | 5 |
| 4 | 5 | 6 | 2 | 3 | 1 | 8 | 9 | 7 |
| 6 | 4 | 2 | 9 | 7 | 5 | 3 | 1 | 8 |
| 1 | 9 | 7 | 3 | 6 | 8 | 5 | 4 | 2 |
| 5 | 8 | 3 | 1 | 4 | 2 | 9 | 7 | 6 |

# #91

| | | | | | | | | |
|---|---|---|---|---|---|---|---|---|
| 7 | 9 | 6 | 2 | 4 | 1 | 5 | 8 | 3 |
| 3 | 1 | 8 | 6 | 7 | 5 | 4 | 2 | 9 |
| 4 | 5 | 2 | 9 | 8 | 3 | 6 | 1 | 7 |
| 5 | 8 | 4 | 3 | 1 | 7 | 2 | 9 | 6 |
| 6 | 3 | 1 | 4 | 9 | 2 | 8 | 7 | 5 |
| 2 | 7 | 9 | 8 | 5 | 6 | 3 | 4 | 1 |
| 9 | 6 | 3 | 1 | 2 | 8 | 7 | 5 | 4 |
| 8 | 4 | 7 | 5 | 6 | 9 | 1 | 3 | 2 |
| 1 | 2 | 5 | 7 | 3 | 4 | 9 | 6 | 8 |

# #92

| | | | | | | | | |
|---|---|---|---|---|---|---|---|---|
| 2 | 1 | 6 | 4 | 3 | 8 | 5 | 9 | 7 |
| 7 | 5 | 8 | 6 | 9 | 2 | 4 | 1 | 3 |
| 4 | 9 | 3 | 5 | 7 | 1 | 2 | 6 | 8 |
| 3 | 4 | 7 | 2 | 6 | 9 | 8 | 5 | 1 |
| 6 | 2 | 1 | 8 | 4 | 5 | 7 | 3 | 9 |
| 9 | 8 | 5 | 3 | 1 | 7 | 6 | 4 | 2 |
| 1 | 7 | 2 | 9 | 5 | 6 | 3 | 8 | 4 |
| 8 | 6 | 4 | 1 | 2 | 3 | 9 | 7 | 5 |
| 5 | 3 | 9 | 7 | 8 | 4 | 1 | 2 | 6 |

# #93

| | | | | | | | | |
|---|---|---|---|---|---|---|---|---|
| 6 | 1 | 3 | 4 | 7 | 2 | 8 | 9 | 5 |
| 2 | 9 | 8 | 6 | 5 | 1 | 3 | 4 | 7 |
| 4 | 7 | 5 | 9 | 3 | 8 | 2 | 6 | 1 |
| 5 | 2 | 7 | 3 | 1 | 9 | 4 | 8 | 6 |
| 9 | 8 | 4 | 5 | 6 | 7 | 1 | 2 | 3 |
| 1 | 3 | 6 | 8 | 2 | 4 | 7 | 5 | 9 |
| 7 | 6 | 1 | 2 | 4 | 5 | 9 | 3 | 8 |
| 3 | 4 | 9 | 7 | 8 | 6 | 5 | 1 | 2 |
| 8 | 5 | 2 | 1 | 9 | 3 | 6 | 7 | 4 |

# #94

| | | | | | | | | |
|---|---|---|---|---|---|---|---|---|
| 1 | 2 | 7 | 4 | 5 | 9 | 6 | 8 | 3 |
| 5 | 3 | 9 | 8 | 6 | 7 | 4 | 2 | 1 |
| 4 | 8 | 6 | 3 | 2 | 1 | 5 | 9 | 7 |
| 9 | 7 | 2 | 6 | 1 | 8 | 3 | 4 | 5 |
| 3 | 6 | 4 | 5 | 9 | 2 | 7 | 1 | 8 |
| 8 | 1 | 5 | 7 | 4 | 3 | 9 | 6 | 2 |
| 6 | 4 | 3 | 2 | 8 | 5 | 1 | 7 | 9 |
| 7 | 9 | 8 | 1 | 3 | 6 | 2 | 5 | 4 |
| 2 | 5 | 1 | 9 | 7 | 4 | 8 | 3 | 6 |

# #95

| | | | | | | | | |
|---|---|---|---|---|---|---|---|---|
| 3 | 5 | 1 | 2 | 7 | 6 | 9 | 8 | 4 |
| 9 | 7 | 6 | 8 | 5 | 4 | 2 | 3 | 1 |
| 2 | 4 | 8 | 9 | 3 | 1 | 7 | 6 | 5 |
| 7 | 1 | 3 | 5 | 9 | 8 | 4 | 2 | 6 |
| 5 | 6 | 9 | 1 | 4 | 2 | 8 | 7 | 3 |
| 4 | 8 | 2 | 3 | 6 | 7 | 5 | 1 | 9 |
| 8 | 9 | 5 | 6 | 2 | 3 | 1 | 4 | 7 |
| 1 | 3 | 7 | 4 | 8 | 9 | 6 | 5 | 2 |
| 6 | 2 | 4 | 7 | 1 | 5 | 3 | 9 | 8 |

# #96

| | | | | | | | | |
|---|---|---|---|---|---|---|---|---|
| 1 | 5 | 3 | 8 | 2 | 9 | 7 | 6 | 4 |
| 8 | 6 | 2 | 7 | 5 | 4 | 1 | 3 | 9 |
| 9 | 7 | 4 | 1 | 3 | 6 | 2 | 5 | 8 |
| 2 | 4 | 5 | 9 | 6 | 8 | 3 | 7 | 1 |
| 3 | 9 | 6 | 5 | 7 | 1 | 4 | 8 | 2 |
| 7 | 8 | 1 | 2 | 4 | 3 | 6 | 9 | 5 |
| 5 | 1 | 7 | 3 | 9 | 2 | 8 | 4 | 6 |
| 6 | 3 | 8 | 4 | 1 | 5 | 9 | 2 | 7 |
| 4 | 2 | 9 | 6 | 8 | 7 | 5 | 1 | 3 |

## #97

| | | | | | | | | |
|---|---|---|---|---|---|---|---|---|
| 8 | 1 | 5 | 9 | 3 | 4 | 6 | 2 | 7 |
| 4 | 6 | 7 | 8 | 2 | 5 | 9 | 1 | 3 |
| 2 | 3 | 9 | 6 | 7 | 1 | 5 | 4 | 8 |
| 9 | 7 | 3 | 2 | 1 | 8 | 4 | 5 | 6 |
| 1 | 8 | 4 | 7 | 5 | 6 | 3 | 9 | 2 |
| 5 | 2 | 6 | 4 | 9 | 3 | 7 | 8 | 1 |
| 7 | 5 | 8 | 3 | 4 | 2 | 1 | 6 | 9 |
| 6 | 9 | 1 | 5 | 8 | 7 | 2 | 3 | 4 |
| 3 | 4 | 2 | 1 | 6 | 9 | 8 | 7 | 5 |

## #98

| | | | | | | | | |
|---|---|---|---|---|---|---|---|---|
| 5 | 6 | 1 | 4 | 2 | 7 | 3 | 9 | 8 |
| 8 | 9 | 4 | 6 | 1 | 3 | 5 | 7 | 2 |
| 3 | 7 | 2 | 9 | 8 | 5 | 1 | 4 | 6 |
| 1 | 5 | 8 | 2 | 4 | 9 | 6 | 3 | 7 |
| 7 | 2 | 3 | 1 | 5 | 6 | 9 | 8 | 4 |
| 6 | 4 | 9 | 7 | 3 | 8 | 2 | 5 | 1 |
| 9 | 1 | 7 | 5 | 6 | 4 | 8 | 2 | 3 |
| 4 | 8 | 6 | 3 | 9 | 2 | 7 | 1 | 5 |
| 2 | 3 | 5 | 8 | 7 | 1 | 4 | 6 | 9 |

## #99

| | | | | | | | | |
|---|---|---|---|---|---|---|---|---|
| 7 | 4 | 6 | 5 | 1 | 3 | 2 | 9 | 8 |
| 8 | 9 | 2 | 7 | 6 | 4 | 5 | 3 | 1 |
| 1 | 3 | 5 | 9 | 2 | 8 | 4 | 6 | 7 |
| 6 | 2 | 9 | 4 | 8 | 5 | 1 | 7 | 3 |
| 4 | 5 | 8 | 3 | 7 | 1 | 9 | 2 | 6 |
| 3 | 7 | 1 | 2 | 9 | 6 | 8 | 4 | 5 |
| 2 | 1 | 4 | 6 | 5 | 7 | 3 | 8 | 9 |
| 9 | 8 | 7 | 1 | 3 | 2 | 6 | 5 | 4 |
| 5 | 6 | 3 | 8 | 4 | 9 | 7 | 1 | 2 |

## #100

| | | | | | | | | |
|---|---|---|---|---|---|---|---|---|
| 4 | 3 | 9 | 7 | 6 | 8 | 1 | 2 | 5 |
| 7 | 2 | 1 | 9 | 3 | 5 | 4 | 6 | 8 |
| 6 | 5 | 8 | 4 | 1 | 2 | 3 | 9 | 7 |
| 8 | 4 | 6 | 1 | 9 | 3 | 5 | 7 | 2 |
| 2 | 1 | 5 | 8 | 4 | 7 | 9 | 3 | 6 |
| 9 | 7 | 3 | 2 | 5 | 6 | 8 | 1 | 4 |
| 3 | 8 | 7 | 5 | 2 | 1 | 6 | 4 | 9 |
| 5 | 6 | 4 | 3 | 7 | 9 | 2 | 8 | 1 |
| 1 | 9 | 2 | 6 | 8 | 4 | 7 | 5 | 3 |

## #101

| | | | | | | | | |
|---|---|---|---|---|---|---|---|---|
| 9 | 4 | 6 | 1 | 7 | 3 | 5 | 2 | 8 |
| 3 | 2 | 8 | 5 | 6 | 4 | 1 | 7 | 9 |
| 7 | 1 | 5 | 8 | 2 | 9 | 6 | 3 | 4 |
| 8 | 5 | 3 | 6 | 4 | 2 | 9 | 1 | 7 |
| 4 | 9 | 1 | 3 | 8 | 7 | 2 | 5 | 6 |
| 6 | 7 | 2 | 9 | 5 | 1 | 8 | 4 | 3 |
| 2 | 6 | 7 | 4 | 1 | 8 | 3 | 9 | 5 |
| 1 | 8 | 9 | 7 | 3 | 5 | 4 | 6 | 2 |
| 5 | 3 | 4 | 2 | 9 | 6 | 7 | 8 | 1 |

## #102

| | | | | | | | | |
|---|---|---|---|---|---|---|---|---|
| 5 | 9 | 1 | 8 | 3 | 6 | 2 | 4 | 7 |
| 6 | 4 | 2 | 7 | 9 | 1 | 8 | 5 | 3 |
| 7 | 8 | 3 | 5 | 4 | 2 | 9 | 1 | 6 |
| 1 | 2 | 4 | 9 | 7 | 5 | 3 | 6 | 8 |
| 8 | 7 | 5 | 6 | 2 | 3 | 1 | 9 | 4 |
| 3 | 6 | 9 | 1 | 8 | 4 | 7 | 2 | 5 |
| 4 | 5 | 7 | 2 | 1 | 8 | 6 | 3 | 9 |
| 2 | 3 | 8 | 4 | 6 | 9 | 5 | 7 | 1 |
| 9 | 1 | 6 | 3 | 5 | 7 | 4 | 8 | 2 |

## #103

| | | | | | | | | |
|---|---|---|---|---|---|---|---|---|
| 1 | 7 | 9 | 3 | 4 | 2 | 8 | 5 | 6 |
| 3 | 6 | 5 | 7 | 1 | 8 | 4 | 9 | 2 |
| 8 | 2 | 4 | 5 | 6 | 9 | 7 | 3 | 1 |
| 7 | 9 | 8 | 4 | 2 | 3 | 6 | 1 | 5 |
| 6 | 1 | 2 | 9 | 7 | 5 | 3 | 8 | 4 |
| 5 | 4 | 3 | 1 | 8 | 6 | 2 | 7 | 9 |
| 9 | 8 | 6 | 2 | 3 | 1 | 5 | 4 | 7 |
| 2 | 5 | 7 | 8 | 9 | 4 | 1 | 6 | 3 |
| 4 | 3 | 1 | 6 | 5 | 7 | 9 | 2 | 8 |

## #104

| | | | | | | | | |
|---|---|---|---|---|---|---|---|---|
| 3 | 6 | 9 | 8 | 4 | 7 | 1 | 2 | 5 |
| 2 | 1 | 8 | 6 | 3 | 5 | 7 | 4 | 9 |
| 5 | 7 | 4 | 2 | 1 | 9 | 8 | 6 | 3 |
| 1 | 5 | 7 | 4 | 9 | 8 | 2 | 3 | 6 |
| 9 | 3 | 2 | 1 | 7 | 6 | 4 | 5 | 8 |
| 4 | 8 | 6 | 3 | 5 | 2 | 9 | 7 | 1 |
| 7 | 9 | 1 | 5 | 6 | 4 | 3 | 8 | 2 |
| 6 | 2 | 3 | 7 | 8 | 1 | 5 | 9 | 4 |
| 8 | 4 | 5 | 9 | 2 | 3 | 6 | 1 | 7 |

## #105

| | | | | | | | | |
|---|---|---|---|---|---|---|---|---|
| 2 | 4 | 8 | 6 | 7 | 1 | 3 | 9 | 5 |
| 5 | 7 | 1 | 8 | 9 | 3 | 4 | 2 | 6 |
| 3 | 6 | 9 | 5 | 4 | 2 | 8 | 7 | 1 |
| 1 | 8 | 5 | 4 | 2 | 9 | 6 | 3 | 7 |
| 9 | 3 | 7 | 1 | 6 | 5 | 2 | 4 | 8 |
| 4 | 2 | 6 | 7 | 3 | 8 | 1 | 5 | 9 |
| 7 | 9 | 2 | 3 | 8 | 6 | 5 | 1 | 4 |
| 6 | 5 | 3 | 9 | 1 | 4 | 7 | 8 | 2 |
| 8 | 1 | 4 | 2 | 5 | 7 | 9 | 6 | 3 |

## #106

| | | | | | | | | |
|---|---|---|---|---|---|---|---|---|
| 9 | 4 | 5 | 1 | 3 | 7 | 2 | 8 | 6 |
| 7 | 3 | 6 | 8 | 5 | 2 | 9 | 1 | 4 |
| 1 | 8 | 2 | 9 | 6 | 4 | 7 | 5 | 3 |
| 6 | 9 | 3 | 5 | 1 | 8 | 4 | 2 | 7 |
| 5 | 7 | 4 | 3 | 2 | 9 | 8 | 6 | 1 |
| 8 | 2 | 1 | 7 | 4 | 6 | 5 | 3 | 9 |
| 2 | 6 | 7 | 4 | 8 | 3 | 1 | 9 | 5 |
| 4 | 1 | 8 | 6 | 9 | 5 | 3 | 7 | 2 |
| 3 | 5 | 9 | 2 | 7 | 1 | 6 | 4 | 8 |

## #107

| | | | | | | | | |
|---|---|---|---|---|---|---|---|---|
| 8 | 5 | 2 | 3 | 7 | 1 | 6 | 9 | 4 |
| 4 | 1 | 9 | 6 | 8 | 2 | 3 | 5 | 7 |
| 6 | 7 | 3 | 5 | 4 | 9 | 2 | 8 | 1 |
| 5 | 3 | 8 | 2 | 9 | 7 | 4 | 1 | 6 |
| 7 | 9 | 6 | 1 | 3 | 4 | 5 | 2 | 8 |
| 2 | 4 | 1 | 8 | 5 | 6 | 7 | 3 | 9 |
| 3 | 6 | 4 | 9 | 2 | 8 | 1 | 7 | 5 |
| 1 | 8 | 5 | 7 | 6 | 3 | 9 | 4 | 2 |
| 9 | 2 | 7 | 4 | 1 | 5 | 8 | 6 | 3 |

## #108

| | | | | | | | | |
|---|---|---|---|---|---|---|---|---|
| 1 | 7 | 6 | 5 | 8 | 3 | 4 | 9 | 2 |
| 3 | 2 | 8 | 6 | 9 | 4 | 1 | 7 | 5 |
| 5 | 9 | 4 | 1 | 2 | 7 | 3 | 6 | 8 |
| 2 | 6 | 3 | 7 | 1 | 9 | 5 | 8 | 4 |
| 8 | 1 | 5 | 2 | 4 | 6 | 7 | 3 | 9 |
| 7 | 4 | 9 | 8 | 3 | 5 | 6 | 2 | 1 |
| 9 | 8 | 7 | 4 | 6 | 1 | 2 | 5 | 3 |
| 6 | 3 | 1 | 9 | 5 | 2 | 8 | 4 | 7 |
| 4 | 5 | 2 | 3 | 7 | 8 | 9 | 1 | 6 |

## #109

| | | | | | | | | |
|---|---|---|---|---|---|---|---|---|
| 8 | 4 | 5 | 3 | 1 | 2 | 7 | 6 | 9 |
| 9 | 6 | 2 | 7 | 4 | 5 | 3 | 8 | 1 |
| 7 | 1 | 3 | 6 | 8 | 9 | 4 | 5 | 2 |
| 5 | 7 | 9 | 2 | 3 | 6 | 1 | 4 | 8 |
| 3 | 2 | 4 | 8 | 9 | 1 | 6 | 7 | 5 |
| 1 | 8 | 6 | 4 | 5 | 7 | 9 | 2 | 3 |
| 6 | 9 | 7 | 1 | 2 | 8 | 5 | 3 | 4 |
| 4 | 5 | 8 | 9 | 6 | 3 | 2 | 1 | 7 |
| 2 | 3 | 1 | 5 | 7 | 4 | 8 | 9 | 6 |

## #110

| | | | | | | | | |
|---|---|---|---|---|---|---|---|---|
| 5 | 7 | 9 | 8 | 6 | 1 | 3 | 2 | 4 |
| 1 | 3 | 2 | 5 | 7 | 4 | 6 | 9 | 8 |
| 4 | 8 | 6 | 3 | 2 | 9 | 5 | 1 | 7 |
| 3 | 6 | 1 | 7 | 5 | 8 | 9 | 4 | 2 |
| 7 | 9 | 5 | 2 | 4 | 6 | 1 | 8 | 3 |
| 8 | 2 | 4 | 1 | 9 | 3 | 7 | 5 | 6 |
| 9 | 4 | 8 | 6 | 3 | 5 | 2 | 7 | 1 |
| 6 | 1 | 7 | 9 | 8 | 2 | 4 | 3 | 5 |
| 2 | 5 | 3 | 4 | 1 | 7 | 8 | 6 | 9 |

## #111

| | | | | | | | | |
|---|---|---|---|---|---|---|---|---|
| 4 | 8 | 3 | 2 | 6 | 9 | 5 | 1 | 7 |
| 5 | 7 | 1 | 3 | 4 | 8 | 6 | 9 | 2 |
| 6 | 2 | 9 | 7 | 1 | 5 | 4 | 3 | 8 |
| 1 | 5 | 8 | 4 | 2 | 6 | 3 | 7 | 9 |
| 3 | 9 | 2 | 8 | 5 | 7 | 1 | 6 | 4 |
| 7 | 4 | 6 | 9 | 3 | 1 | 2 | 8 | 5 |
| 2 | 1 | 7 | 6 | 8 | 4 | 9 | 5 | 3 |
| 8 | 3 | 5 | 1 | 9 | 2 | 7 | 4 | 6 |
| 9 | 6 | 4 | 5 | 7 | 3 | 8 | 2 | 1 |

## #112

| | | | | | | | | |
|---|---|---|---|---|---|---|---|---|
| 3 | 5 | 4 | 7 | 9 | 2 | 6 | 1 | 8 |
| 1 | 6 | 2 | 3 | 8 | 4 | 7 | 5 | 9 |
| 9 | 7 | 8 | 1 | 5 | 6 | 4 | 3 | 2 |
| 8 | 2 | 5 | 9 | 3 | 7 | 1 | 6 | 4 |
| 6 | 4 | 3 | 5 | 2 | 1 | 8 | 9 | 7 |
| 7 | 9 | 1 | 4 | 6 | 8 | 3 | 2 | 5 |
| 4 | 1 | 6 | 2 | 7 | 9 | 5 | 8 | 3 |
| 2 | 3 | 7 | 8 | 1 | 5 | 9 | 4 | 6 |
| 5 | 8 | 9 | 6 | 4 | 3 | 2 | 7 | 1 |

## #113

| | | | | | | | | |
|---|---|---|---|---|---|---|---|---|
| 1 | 6 | 8 | 5 | 3 | 2 | 9 | 7 | 4 |
| 7 | 9 | 2 | 1 | 8 | 4 | 3 | 6 | 5 |
| 5 | 4 | 3 | 6 | 7 | 9 | 8 | 1 | 2 |
| 6 | 2 | 1 | 7 | 9 | 3 | 4 | 5 | 8 |
| 9 | 3 | 4 | 8 | 5 | 1 | 7 | 2 | 6 |
| 8 | 7 | 5 | 2 | 4 | 6 | 1 | 9 | 3 |
| 3 | 8 | 6 | 9 | 1 | 5 | 2 | 4 | 7 |
| 2 | 1 | 7 | 4 | 6 | 8 | 5 | 3 | 9 |
| 4 | 5 | 9 | 3 | 2 | 7 | 6 | 8 | 1 |

## #114

| | | | | | | | | |
|---|---|---|---|---|---|---|---|---|
| 8 | 6 | 1 | 7 | 2 | 4 | 5 | 3 | 9 |
| 9 | 3 | 5 | 1 | 6 | 8 | 4 | 7 | 2 |
| 4 | 7 | 2 | 5 | 3 | 9 | 1 | 6 | 8 |
| 6 | 8 | 3 | 4 | 5 | 1 | 9 | 2 | 7 |
| 2 | 4 | 7 | 9 | 8 | 6 | 3 | 1 | 5 |
| 1 | 5 | 9 | 2 | 7 | 3 | 6 | 8 | 4 |
| 5 | 2 | 6 | 3 | 9 | 7 | 8 | 4 | 1 |
| 7 | 1 | 8 | 6 | 4 | 5 | 2 | 9 | 3 |
| 3 | 9 | 4 | 8 | 1 | 2 | 7 | 5 | 6 |

## #115

| | | | | | | | | |
|---|---|---|---|---|---|---|---|---|
| 7 | 8 | 1 | 3 | 4 | 6 | 5 | 9 | 2 |
| 3 | 2 | 6 | 9 | 8 | 5 | 7 | 1 | 4 |
| 5 | 4 | 9 | 2 | 7 | 1 | 6 | 3 | 8 |
| 1 | 5 | 3 | 4 | 6 | 9 | 8 | 2 | 7 |
| 2 | 9 | 8 | 5 | 3 | 7 | 4 | 6 | 1 |
| 4 | 6 | 7 | 1 | 2 | 8 | 9 | 5 | 3 |
| 9 | 3 | 4 | 8 | 5 | 2 | 1 | 7 | 6 |
| 6 | 1 | 2 | 7 | 9 | 4 | 3 | 8 | 5 |
| 8 | 7 | 5 | 6 | 1 | 3 | 2 | 4 | 9 |

## #116

| | | | | | | | | |
|---|---|---|---|---|---|---|---|---|
| 7 | 6 | 8 | 4 | 3 | 2 | 5 | 9 | 1 |
| 1 | 2 | 5 | 9 | 6 | 8 | 4 | 3 | 7 |
| 9 | 3 | 4 | 7 | 1 | 5 | 6 | 8 | 2 |
| 6 | 4 | 9 | 8 | 2 | 1 | 7 | 5 | 3 |
| 8 | 5 | 2 | 3 | 7 | 9 | 1 | 6 | 4 |
| 3 | 7 | 1 | 6 | 5 | 4 | 8 | 2 | 9 |
| 4 | 8 | 6 | 2 | 9 | 7 | 3 | 1 | 5 |
| 2 | 1 | 7 | 5 | 8 | 3 | 9 | 4 | 6 |
| 5 | 9 | 3 | 1 | 4 | 6 | 2 | 7 | 8 |

## #117

| | | | | | | | | |
|---|---|---|---|---|---|---|---|---|
| 9 | 2 | 5 | 8 | 4 | 3 | 6 | 7 | 1 |
| 7 | 1 | 4 | 5 | 6 | 9 | 3 | 8 | 2 |
| 3 | 6 | 8 | 2 | 1 | 7 | 5 | 9 | 4 |
| 1 | 9 | 3 | 4 | 5 | 8 | 2 | 6 | 7 |
| 5 | 7 | 6 | 9 | 2 | 1 | 8 | 4 | 3 |
| 8 | 4 | 2 | 3 | 7 | 6 | 9 | 1 | 5 |
| 4 | 8 | 9 | 7 | 3 | 2 | 1 | 5 | 6 |
| 2 | 5 | 1 | 6 | 8 | 4 | 7 | 3 | 9 |
| 6 | 3 | 7 | 1 | 9 | 5 | 4 | 2 | 8 |

## #118

| | | | | | | | | |
|---|---|---|---|---|---|---|---|---|
| 4 | 8 | 5 | 6 | 2 | 7 | 3 | 9 | 1 |
| 7 | 3 | 1 | 9 | 8 | 4 | 6 | 5 | 2 |
| 2 | 9 | 6 | 3 | 5 | 1 | 4 | 8 | 7 |
| 9 | 2 | 8 | 1 | 3 | 5 | 7 | 6 | 4 |
| 6 | 5 | 4 | 2 | 7 | 8 | 9 | 1 | 3 |
| 3 | 1 | 7 | 4 | 6 | 9 | 8 | 2 | 5 |
| 8 | 7 | 2 | 5 | 4 | 6 | 1 | 3 | 9 |
| 5 | 6 | 9 | 7 | 1 | 3 | 2 | 4 | 8 |
| 1 | 4 | 3 | 8 | 9 | 2 | 5 | 7 | 6 |

## #119

| | | | | | | | | |
|---|---|---|---|---|---|---|---|---|
| 9 | 5 | 2 | 6 | 1 | 3 | 8 | 4 | 7 |
| 6 | 8 | 4 | 2 | 5 | 7 | 3 | 1 | 9 |
| 7 | 3 | 1 | 4 | 9 | 8 | 5 | 6 | 2 |
| 8 | 2 | 3 | 7 | 4 | 1 | 9 | 5 | 6 |
| 1 | 4 | 9 | 5 | 3 | 6 | 7 | 2 | 8 |
| 5 | 7 | 6 | 8 | 2 | 9 | 4 | 3 | 1 |
| 4 | 1 | 5 | 9 | 8 | 2 | 6 | 7 | 3 |
| 2 | 6 | 8 | 3 | 7 | 5 | 1 | 9 | 4 |
| 3 | 9 | 7 | 1 | 6 | 4 | 2 | 8 | 5 |

## #120

| | | | | | | | | |
|---|---|---|---|---|---|---|---|---|
| 3 | 2 | 6 | 8 | 1 | 5 | 9 | 7 | 4 |
| 4 | 7 | 5 | 9 | 2 | 3 | 1 | 8 | 6 |
| 9 | 8 | 1 | 4 | 7 | 6 | 2 | 5 | 3 |
| 1 | 5 | 7 | 6 | 4 | 9 | 3 | 2 | 8 |
| 8 | 3 | 2 | 7 | 5 | 1 | 4 | 6 | 9 |
| 6 | 9 | 4 | 2 | 3 | 8 | 5 | 1 | 7 |
| 5 | 1 | 8 | 3 | 9 | 7 | 6 | 4 | 2 |
| 7 | 4 | 3 | 5 | 6 | 2 | 8 | 9 | 1 |
| 2 | 6 | 9 | 1 | 8 | 4 | 7 | 3 | 5 |

## #121

| | | | | | | | | |
|---|---|---|---|---|---|---|---|---|
| 1 | 6 | 8 | 5 | 7 | 9 | 3 | 2 | 4 |
| 2 | 7 | 5 | 3 | 8 | 4 | 1 | 6 | 9 |
| 9 | 4 | 3 | 2 | 1 | 6 | 8 | 5 | 7 |
| 3 | 1 | 4 | 9 | 5 | 7 | 6 | 8 | 2 |
| 7 | 2 | 9 | 1 | 6 | 8 | 4 | 3 | 5 |
| 8 | 5 | 6 | 4 | 2 | 3 | 7 | 9 | 1 |
| 5 | 3 | 1 | 8 | 4 | 2 | 9 | 7 | 6 |
| 6 | 9 | 2 | 7 | 3 | 1 | 5 | 4 | 8 |
| 4 | 8 | 7 | 6 | 9 | 5 | 2 | 1 | 3 |

## #122

| | | | | | | | | |
|---|---|---|---|---|---|---|---|---|
| 1 | 3 | 6 | 7 | 9 | 4 | 2 | 5 | 8 |
| 9 | 8 | 5 | 1 | 6 | 2 | 7 | 4 | 3 |
| 4 | 2 | 7 | 5 | 3 | 8 | 1 | 6 | 9 |
| 5 | 4 | 2 | 8 | 1 | 6 | 3 | 9 | 7 |
| 7 | 1 | 9 | 4 | 5 | 3 | 8 | 2 | 6 |
| 8 | 6 | 3 | 9 | 2 | 7 | 5 | 1 | 4 |
| 3 | 5 | 1 | 6 | 8 | 9 | 4 | 7 | 2 |
| 6 | 7 | 8 | 2 | 4 | 5 | 9 | 3 | 1 |
| 2 | 9 | 4 | 3 | 7 | 1 | 6 | 8 | 5 |

## #123

| | | | | | | | | |
|---|---|---|---|---|---|---|---|---|
| 8 | 5 | 4 | 2 | 9 | 6 | 1 | 7 | 3 |
| 9 | 1 | 3 | 8 | 4 | 7 | 5 | 2 | 6 |
| 2 | 7 | 6 | 3 | 5 | 1 | 8 | 9 | 4 |
| 5 | 9 | 8 | 1 | 2 | 4 | 3 | 6 | 7 |
| 7 | 4 | 1 | 5 | 6 | 3 | 2 | 8 | 9 |
| 6 | 3 | 2 | 7 | 8 | 9 | 4 | 5 | 1 |
| 3 | 6 | 5 | 4 | 7 | 2 | 9 | 1 | 8 |
| 4 | 8 | 9 | 6 | 1 | 5 | 7 | 3 | 2 |
| 1 | 2 | 7 | 9 | 3 | 8 | 6 | 4 | 5 |

## #124

| | | | | | | | | |
|---|---|---|---|---|---|---|---|---|
| 7 | 3 | 9 | 8 | 5 | 2 | 1 | 4 | 6 |
| 6 | 2 | 5 | 1 | 3 | 4 | 9 | 8 | 7 |
| 1 | 4 | 8 | 7 | 9 | 6 | 2 | 3 | 5 |
| 3 | 7 | 4 | 5 | 1 | 8 | 6 | 9 | 2 |
| 8 | 6 | 2 | 4 | 7 | 9 | 5 | 1 | 3 |
| 9 | 5 | 1 | 6 | 2 | 3 | 8 | 7 | 4 |
| 2 | 1 | 3 | 9 | 4 | 5 | 7 | 6 | 8 |
| 5 | 9 | 6 | 3 | 8 | 7 | 4 | 2 | 1 |
| 4 | 8 | 7 | 2 | 6 | 1 | 3 | 5 | 9 |

## #125

| | | | | | | | | |
|---|---|---|---|---|---|---|---|---|
| 5 | 2 | 7 | 9 | 3 | 6 | 4 | 8 | 1 |
| 4 | 9 | 1 | 8 | 2 | 5 | 6 | 7 | 3 |
| 3 | 6 | 8 | 1 | 4 | 7 | 9 | 2 | 5 |
| 6 | 8 | 5 | 2 | 9 | 4 | 3 | 1 | 7 |
| 2 | 4 | 3 | 5 | 7 | 1 | 8 | 6 | 9 |
| 1 | 7 | 9 | 3 | 6 | 8 | 5 | 4 | 2 |
| 8 | 3 | 6 | 7 | 5 | 2 | 1 | 9 | 4 |
| 7 | 5 | 4 | 6 | 1 | 9 | 2 | 3 | 8 |
| 9 | 1 | 2 | 4 | 8 | 3 | 7 | 5 | 6 |

## #126

| | | | | | | | | |
|---|---|---|---|---|---|---|---|---|
| 9 | 8 | 2 | 6 | 3 | 5 | 4 | 1 | 7 |
| 4 | 7 | 6 | 8 | 9 | 1 | 5 | 3 | 2 |
| 1 | 3 | 5 | 2 | 4 | 7 | 6 | 9 | 8 |
| 8 | 6 | 4 | 7 | 1 | 9 | 3 | 2 | 5 |
| 3 | 5 | 7 | 4 | 8 | 2 | 9 | 6 | 1 |
| 2 | 9 | 1 | 5 | 6 | 3 | 8 | 7 | 4 |
| 7 | 4 | 8 | 9 | 2 | 6 | 1 | 5 | 3 |
| 6 | 2 | 3 | 1 | 5 | 4 | 7 | 8 | 9 |
| 5 | 1 | 9 | 3 | 7 | 8 | 2 | 4 | 6 |

## #127

| | | | | | | | | |
|---|---|---|---|---|---|---|---|---|
| 7 | 9 | 3 | 5 | 1 | 2 | 6 | 4 | 8 |
| 5 | 6 | 4 | 9 | 8 | 7 | 2 | 3 | 1 |
| 1 | 8 | 2 | 6 | 4 | 3 | 5 | 7 | 9 |
| 2 | 4 | 7 | 1 | 3 | 8 | 9 | 6 | 5 |
| 3 | 5 | 6 | 4 | 2 | 9 | 8 | 1 | 7 |
| 8 | 1 | 9 | 7 | 5 | 6 | 4 | 2 | 3 |
| 4 | 2 | 1 | 3 | 9 | 5 | 7 | 8 | 6 |
| 6 | 3 | 5 | 8 | 7 | 4 | 1 | 9 | 2 |
| 9 | 7 | 8 | 2 | 6 | 1 | 3 | 5 | 4 |

## #128

| | | | | | | | | |
|---|---|---|---|---|---|---|---|---|
| 2 | 7 | 6 | 5 | 8 | 4 | 1 | 9 | 3 |
| 5 | 4 | 9 | 3 | 6 | 1 | 7 | 8 | 2 |
| 3 | 1 | 8 | 9 | 7 | 2 | 6 | 5 | 4 |
| 7 | 9 | 1 | 4 | 3 | 8 | 2 | 6 | 5 |
| 8 | 5 | 2 | 1 | 9 | 6 | 3 | 4 | 7 |
| 6 | 3 | 4 | 7 | 2 | 5 | 8 | 1 | 9 |
| 1 | 6 | 7 | 2 | 5 | 9 | 4 | 3 | 8 |
| 4 | 2 | 5 | 8 | 1 | 3 | 9 | 7 | 6 |
| 9 | 8 | 3 | 6 | 4 | 7 | 5 | 2 | 1 |

## #129

| | | | | | | | | |
|---|---|---|---|---|---|---|---|---|
| 7 | 9 | 5 | 3 | 8 | 6 | 1 | 4 | 2 |
| 3 | 2 | 6 | 1 | 7 | 4 | 9 | 8 | 5 |
| 8 | 4 | 1 | 5 | 2 | 9 | 7 | 6 | 3 |
| 2 | 8 | 7 | 4 | 9 | 1 | 3 | 5 | 6 |
| 6 | 1 | 4 | 7 | 3 | 5 | 2 | 9 | 8 |
| 9 | 5 | 3 | 2 | 6 | 8 | 4 | 7 | 1 |
| 4 | 3 | 8 | 9 | 5 | 2 | 6 | 1 | 7 |
| 5 | 7 | 9 | 6 | 1 | 3 | 8 | 2 | 4 |
| 1 | 6 | 2 | 8 | 4 | 7 | 5 | 3 | 9 |

## #130

| | | | | | | | | |
|---|---|---|---|---|---|---|---|---|
| 2 | 7 | 6 | 8 | 4 | 3 | 9 | 1 | 5 |
| 4 | 1 | 5 | 6 | 7 | 9 | 8 | 3 | 2 |
| 3 | 8 | 9 | 1 | 5 | 2 | 6 | 4 | 7 |
| 8 | 5 | 2 | 7 | 1 | 6 | 4 | 9 | 3 |
| 6 | 3 | 7 | 5 | 9 | 4 | 2 | 8 | 1 |
| 1 | 9 | 4 | 3 | 2 | 8 | 7 | 5 | 6 |
| 9 | 6 | 1 | 2 | 8 | 5 | 3 | 7 | 4 |
| 5 | 2 | 8 | 4 | 3 | 7 | 1 | 6 | 9 |
| 7 | 4 | 3 | 9 | 6 | 1 | 5 | 2 | 8 |

## #131

| | | | | | | | | |
|---|---|---|---|---|---|---|---|---|
| 5 | 1 | 6 | 2 | 9 | 8 | 3 | 4 | 7 |
| 7 | 8 | 9 | 3 | 5 | 4 | 6 | 1 | 2 |
| 3 | 2 | 4 | 6 | 1 | 7 | 8 | 5 | 9 |
| 2 | 6 | 7 | 5 | 8 | 1 | 4 | 9 | 3 |
| 8 | 9 | 5 | 7 | 4 | 3 | 1 | 2 | 6 |
| 4 | 3 | 1 | 9 | 2 | 6 | 5 | 7 | 8 |
| 6 | 5 | 2 | 1 | 3 | 9 | 7 | 8 | 4 |
| 9 | 7 | 8 | 4 | 6 | 5 | 2 | 3 | 1 |
| 1 | 4 | 3 | 8 | 7 | 2 | 9 | 6 | 5 |

## #132

| | | | | | | | | |
|---|---|---|---|---|---|---|---|---|
| 6 | 3 | 7 | 2 | 4 | 1 | 9 | 5 | 8 |
| 9 | 5 | 8 | 7 | 3 | 6 | 4 | 1 | 2 |
| 4 | 1 | 2 | 9 | 8 | 5 | 3 | 7 | 6 |
| 8 | 7 | 9 | 3 | 1 | 2 | 6 | 4 | 5 |
| 5 | 4 | 6 | 8 | 7 | 9 | 2 | 3 | 1 |
| 1 | 2 | 3 | 5 | 6 | 4 | 7 | 8 | 9 |
| 3 | 8 | 1 | 6 | 9 | 7 | 5 | 2 | 4 |
| 2 | 9 | 4 | 1 | 5 | 3 | 8 | 6 | 7 |
| 7 | 6 | 5 | 4 | 2 | 8 | 1 | 9 | 3 |

## #133

| | | | | | | | | |
|---|---|---|---|---|---|---|---|---|
| 6 | 9 | 2 | 3 | 1 | 4 | 8 | 5 | 7 |
| 5 | 3 | 7 | 9 | 2 | 8 | 4 | 1 | 6 |
| 8 | 1 | 4 | 6 | 7 | 5 | 3 | 2 | 9 |
| 1 | 4 | 6 | 8 | 5 | 2 | 9 | 7 | 3 |
| 3 | 7 | 5 | 1 | 9 | 6 | 2 | 8 | 4 |
| 9 | 2 | 8 | 7 | 4 | 3 | 5 | 6 | 1 |
| 7 | 6 | 3 | 5 | 8 | 9 | 1 | 4 | 2 |
| 4 | 8 | 9 | 2 | 6 | 1 | 7 | 3 | 5 |
| 2 | 5 | 1 | 4 | 3 | 7 | 6 | 9 | 8 |

## #134

| | | | | | | | | |
|---|---|---|---|---|---|---|---|---|
| 9 | 5 | 1 | 6 | 7 | 8 | 3 | 4 | 2 |
| 3 | 8 | 2 | 5 | 4 | 9 | 1 | 6 | 7 |
| 4 | 7 | 6 | 1 | 3 | 2 | 9 | 8 | 5 |
| 8 | 1 | 3 | 4 | 9 | 5 | 2 | 7 | 6 |
| 7 | 4 | 9 | 3 | 2 | 6 | 8 | 5 | 1 |
| 6 | 2 | 5 | 8 | 1 | 7 | 4 | 3 | 9 |
| 1 | 6 | 8 | 9 | 5 | 4 | 7 | 2 | 3 |
| 5 | 3 | 7 | 2 | 8 | 1 | 6 | 9 | 4 |
| 2 | 9 | 4 | 7 | 6 | 3 | 5 | 1 | 8 |

## #135

| | | | | | | | | |
|---|---|---|---|---|---|---|---|---|
| 2 | 1 | 7 | 4 | 9 | 5 | 6 | 3 | 8 |
| 4 | 3 | 6 | 2 | 7 | 8 | 1 | 5 | 9 |
| 5 | 9 | 8 | 3 | 6 | 1 | 7 | 2 | 4 |
| 9 | 4 | 2 | 1 | 3 | 7 | 8 | 6 | 5 |
| 1 | 6 | 5 | 8 | 4 | 2 | 9 | 7 | 3 |
| 7 | 8 | 3 | 9 | 5 | 6 | 4 | 1 | 2 |
| 8 | 2 | 4 | 6 | 1 | 3 | 5 | 9 | 7 |
| 3 | 7 | 1 | 5 | 8 | 9 | 2 | 4 | 6 |
| 6 | 5 | 9 | 7 | 2 | 4 | 3 | 8 | 1 |

## #136

| | | | | | | | | |
|---|---|---|---|---|---|---|---|---|
| 5 | 8 | 1 | 4 | 9 | 3 | 2 | 7 | 6 |
| 3 | 9 | 6 | 7 | 8 | 2 | 1 | 5 | 4 |
| 2 | 4 | 7 | 5 | 6 | 1 | 3 | 9 | 8 |
| 9 | 5 | 2 | 1 | 3 | 6 | 8 | 4 | 7 |
| 8 | 7 | 4 | 2 | 5 | 9 | 6 | 1 | 3 |
| 1 | 6 | 3 | 8 | 7 | 4 | 9 | 2 | 5 |
| 6 | 3 | 5 | 9 | 2 | 7 | 4 | 8 | 1 |
| 7 | 1 | 9 | 3 | 4 | 8 | 5 | 6 | 2 |
| 4 | 2 | 8 | 6 | 1 | 5 | 7 | 3 | 9 |

## #137

| | | | | | | | | |
|---|---|---|---|---|---|---|---|---|
| 2 | 5 | 6 | 8 | 1 | 7 | 9 | 4 | 3 |
| 1 | 4 | 8 | 2 | 3 | 9 | 6 | 7 | 5 |
| 9 | 3 | 7 | 4 | 6 | 5 | 8 | 2 | 1 |
| 5 | 1 | 9 | 6 | 2 | 3 | 4 | 8 | 7 |
| 8 | 7 | 3 | 5 | 9 | 4 | 2 | 1 | 6 |
| 4 | 6 | 2 | 7 | 8 | 1 | 3 | 5 | 9 |
| 3 | 8 | 4 | 1 | 5 | 6 | 7 | 9 | 2 |
| 6 | 2 | 5 | 9 | 7 | 8 | 1 | 3 | 4 |
| 7 | 9 | 1 | 3 | 4 | 2 | 5 | 6 | 8 |

## #138

| | | | | | | | | |
|---|---|---|---|---|---|---|---|---|
| 2 | 4 | 6 | 8 | 3 | 9 | 7 | 5 | 1 |
| 9 | 5 | 3 | 1 | 2 | 7 | 6 | 8 | 4 |
| 8 | 7 | 1 | 6 | 4 | 5 | 9 | 2 | 3 |
| 6 | 1 | 8 | 9 | 7 | 4 | 2 | 3 | 5 |
| 5 | 3 | 9 | 2 | 6 | 8 | 4 | 1 | 7 |
| 4 | 2 | 7 | 3 | 5 | 1 | 8 | 6 | 9 |
| 7 | 6 | 2 | 5 | 9 | 3 | 1 | 4 | 8 |
| 3 | 8 | 4 | 7 | 1 | 6 | 5 | 9 | 2 |
| 1 | 9 | 5 | 4 | 8 | 2 | 3 | 7 | 6 |

## #139

| | | | | | | | | |
|---|---|---|---|---|---|---|---|---|
| 1 | 4 | 9 | 7 | 8 | 3 | 5 | 2 | 6 |
| 6 | 3 | 2 | 9 | 5 | 4 | 7 | 1 | 8 |
| 8 | 7 | 5 | 6 | 2 | 1 | 3 | 9 | 4 |
| 3 | 8 | 4 | 5 | 6 | 9 | 1 | 7 | 2 |
| 5 | 1 | 7 | 2 | 4 | 8 | 6 | 3 | 9 |
| 2 | 9 | 6 | 1 | 3 | 7 | 8 | 4 | 5 |
| 7 | 2 | 1 | 8 | 9 | 5 | 4 | 6 | 3 |
| 9 | 5 | 3 | 4 | 7 | 6 | 2 | 8 | 1 |
| 4 | 6 | 8 | 3 | 1 | 2 | 9 | 5 | 7 |

## #140

| | | | | | | | | |
|---|---|---|---|---|---|---|---|---|
| 5 | 7 | 1 | 4 | 2 | 6 | 9 | 3 | 8 |
| 6 | 3 | 4 | 9 | 1 | 8 | 7 | 2 | 5 |
| 2 | 8 | 9 | 5 | 7 | 3 | 6 | 1 | 4 |
| 1 | 2 | 3 | 6 | 5 | 4 | 8 | 9 | 7 |
| 9 | 5 | 7 | 1 | 8 | 2 | 4 | 6 | 3 |
| 8 | 4 | 6 | 7 | 3 | 9 | 1 | 5 | 2 |
| 3 | 1 | 8 | 2 | 6 | 7 | 5 | 4 | 9 |
| 7 | 9 | 5 | 3 | 4 | 1 | 2 | 8 | 6 |
| 4 | 6 | 2 | 8 | 9 | 5 | 3 | 7 | 1 |

## #141

| | | | | | | | | |
|---|---|---|---|---|---|---|---|---|
| 6 | 1 | 3 | 7 | 5 | 4 | 2 | 9 | 8 |
| 9 | 8 | 7 | 3 | 1 | 2 | 6 | 4 | 5 |
| 5 | 4 | 2 | 8 | 6 | 9 | 3 | 7 | 1 |
| 2 | 6 | 4 | 1 | 9 | 3 | 8 | 5 | 7 |
| 3 | 7 | 1 | 6 | 8 | 5 | 4 | 2 | 9 |
| 8 | 9 | 5 | 2 | 4 | 7 | 1 | 6 | 3 |
| 4 | 5 | 6 | 9 | 3 | 8 | 7 | 1 | 2 |
| 1 | 2 | 8 | 5 | 7 | 6 | 9 | 3 | 4 |
| 7 | 3 | 9 | 4 | 2 | 1 | 5 | 8 | 6 |

## #142

| | | | | | | | | |
|---|---|---|---|---|---|---|---|---|
| 4 | 1 | 7 | 2 | 5 | 9 | 6 | 3 | 8 |
| 8 | 2 | 5 | 6 | 7 | 3 | 1 | 9 | 4 |
| 3 | 9 | 6 | 4 | 1 | 8 | 2 | 5 | 7 |
| 9 | 3 | 2 | 8 | 4 | 6 | 5 | 7 | 1 |
| 7 | 5 | 4 | 9 | 3 | 1 | 8 | 6 | 2 |
| 1 | 6 | 8 | 5 | 2 | 7 | 9 | 4 | 3 |
| 2 | 8 | 9 | 7 | 6 | 4 | 3 | 1 | 5 |
| 6 | 7 | 3 | 1 | 8 | 5 | 4 | 2 | 9 |
| 5 | 4 | 1 | 3 | 9 | 2 | 7 | 8 | 6 |

## #143

| | | | | | | | | |
|---|---|---|---|---|---|---|---|---|
| 9 | 7 | 2 | 5 | 1 | 3 | 6 | 8 | 4 |
| 3 | 8 | 6 | 4 | 2 | 7 | 9 | 1 | 5 |
| 1 | 4 | 5 | 6 | 9 | 8 | 7 | 3 | 2 |
| 8 | 3 | 7 | 2 | 6 | 5 | 4 | 9 | 1 |
| 6 | 2 | 1 | 3 | 4 | 9 | 5 | 7 | 8 |
| 4 | 5 | 9 | 8 | 7 | 1 | 3 | 2 | 6 |
| 2 | 9 | 8 | 7 | 5 | 4 | 1 | 6 | 3 |
| 7 | 6 | 4 | 1 | 3 | 2 | 8 | 5 | 9 |
| 5 | 1 | 3 | 9 | 8 | 6 | 2 | 4 | 7 |

## #144

| | | | | | | | | |
|---|---|---|---|---|---|---|---|---|
| 1 | 9 | 7 | 6 | 5 | 2 | 8 | 3 | 4 |
| 8 | 2 | 4 | 1 | 3 | 7 | 9 | 6 | 5 |
| 6 | 3 | 5 | 8 | 4 | 9 | 1 | 2 | 7 |
| 7 | 5 | 2 | 4 | 8 | 6 | 3 | 9 | 1 |
| 3 | 4 | 8 | 2 | 9 | 1 | 7 | 5 | 6 |
| 9 | 1 | 6 | 5 | 7 | 3 | 4 | 8 | 2 |
| 2 | 8 | 3 | 7 | 1 | 5 | 6 | 4 | 9 |
| 5 | 7 | 9 | 3 | 6 | 4 | 2 | 1 | 8 |
| 4 | 6 | 1 | 9 | 2 | 8 | 5 | 7 | 3 |

# #145

| | | | | | | | | |
|---|---|---|---|---|---|---|---|---|
| 5 | 2 | 3 | 9 | 7 | 8 | 1 | 4 | 6 |
| 7 | 6 | 1 | 2 | 4 | 5 | 3 | 8 | 9 |
| 4 | 9 | 8 | 1 | 3 | 6 | 2 | 5 | 7 |
| 9 | 7 | 4 | 8 | 6 | 1 | 5 | 3 | 2 |
| 6 | 8 | 5 | 3 | 9 | 2 | 7 | 1 | 4 |
| 3 | 1 | 2 | 4 | 5 | 7 | 9 | 6 | 8 |
| 2 | 3 | 7 | 6 | 1 | 4 | 8 | 9 | 5 |
| 1 | 5 | 6 | 7 | 8 | 9 | 4 | 2 | 3 |
| 8 | 4 | 9 | 5 | 2 | 3 | 6 | 7 | 1 |

# #146

| | | | | | | | | |
|---|---|---|---|---|---|---|---|---|
| 9 | 7 | 2 | 6 | 1 | 8 | 4 | 3 | 5 |
| 1 | 3 | 8 | 2 | 5 | 4 | 6 | 7 | 9 |
| 5 | 6 | 4 | 9 | 7 | 3 | 1 | 2 | 8 |
| 8 | 4 | 1 | 3 | 6 | 5 | 2 | 9 | 7 |
| 6 | 9 | 5 | 8 | 2 | 7 | 3 | 4 | 1 |
| 7 | 2 | 3 | 1 | 4 | 9 | 8 | 5 | 6 |
| 2 | 5 | 9 | 4 | 8 | 1 | 7 | 6 | 3 |
| 3 | 1 | 6 | 7 | 9 | 2 | 5 | 8 | 4 |
| 4 | 8 | 7 | 5 | 3 | 6 | 9 | 1 | 2 |

# #147

| | | | | | | | | |
|---|---|---|---|---|---|---|---|---|
| 3 | 2 | 7 | 4 | 1 | 8 | 5 | 6 | 9 |
| 9 | 6 | 4 | 3 | 2 | 5 | 1 | 7 | 8 |
| 5 | 1 | 8 | 9 | 6 | 7 | 4 | 3 | 2 |
| 6 | 3 | 9 | 1 | 4 | 2 | 8 | 5 | 7 |
| 7 | 5 | 1 | 6 | 8 | 3 | 9 | 2 | 4 |
| 4 | 8 | 2 | 7 | 5 | 9 | 3 | 1 | 6 |
| 8 | 7 | 3 | 2 | 9 | 1 | 6 | 4 | 5 |
| 1 | 4 | 5 | 8 | 7 | 6 | 2 | 9 | 3 |
| 2 | 9 | 6 | 5 | 3 | 4 | 7 | 8 | 1 |

# #148

| | | | | | | | | |
|---|---|---|---|---|---|---|---|---|
| 5 | 1 | 4 | 3 | 6 | 8 | 7 | 9 | 2 |
| 9 | 3 | 7 | 1 | 2 | 5 | 6 | 8 | 4 |
| 6 | 8 | 2 | 4 | 9 | 7 | 3 | 5 | 1 |
| 1 | 7 | 8 | 6 | 5 | 3 | 2 | 4 | 9 |
| 2 | 9 | 6 | 8 | 7 | 4 | 1 | 3 | 5 |
| 3 | 4 | 5 | 9 | 1 | 2 | 8 | 7 | 6 |
| 7 | 5 | 1 | 2 | 3 | 9 | 4 | 6 | 8 |
| 8 | 6 | 9 | 7 | 4 | 1 | 5 | 2 | 3 |
| 4 | 2 | 3 | 5 | 8 | 6 | 9 | 1 | 7 |

# #149

| | | | | | | | | |
|---|---|---|---|---|---|---|---|---|
| 3 | 2 | 6 | 1 | 9 | 4 | 8 | 7 | 5 |
| 8 | 5 | 7 | 6 | 3 | 2 | 9 | 4 | 1 |
| 1 | 9 | 4 | 7 | 5 | 8 | 2 | 3 | 6 |
| 4 | 1 | 9 | 3 | 2 | 7 | 5 | 6 | 8 |
| 2 | 6 | 5 | 8 | 4 | 9 | 7 | 1 | 3 |
| 7 | 3 | 8 | 5 | 6 | 1 | 4 | 9 | 2 |
| 9 | 4 | 1 | 2 | 8 | 6 | 3 | 5 | 7 |
| 6 | 8 | 3 | 4 | 7 | 5 | 1 | 2 | 9 |
| 5 | 7 | 2 | 9 | 1 | 3 | 6 | 8 | 4 |

# #150

| | | | | | | | | |
|---|---|---|---|---|---|---|---|---|
| 7 | 5 | 4 | 2 | 6 | 8 | 1 | 3 | 9 |
| 1 | 2 | 9 | 4 | 7 | 3 | 8 | 6 | 5 |
| 6 | 8 | 3 | 9 | 1 | 5 | 4 | 2 | 7 |
| 2 | 9 | 6 | 5 | 8 | 4 | 7 | 1 | 3 |
| 3 | 1 | 8 | 6 | 9 | 7 | 5 | 4 | 2 |
| 5 | 4 | 7 | 1 | 3 | 2 | 9 | 8 | 6 |
| 8 | 3 | 2 | 7 | 5 | 1 | 6 | 9 | 4 |
| 4 | 6 | 5 | 8 | 2 | 9 | 3 | 7 | 1 |
| 9 | 7 | 1 | 3 | 4 | 6 | 2 | 5 | 8 |

## #151

| | | | | | | | | |
|---|---|---|---|---|---|---|---|---|
| 4 | 5 | 2 | 3 | 8 | 6 | 1 | 7 | 9 |
| 9 | 8 | 1 | 7 | 4 | 5 | 3 | 2 | 6 |
| 7 | 6 | 3 | 2 | 1 | 9 | 5 | 4 | 8 |
| 3 | 4 | 7 | 8 | 6 | 1 | 9 | 5 | 2 |
| 5 | 1 | 8 | 9 | 3 | 2 | 7 | 6 | 4 |
| 6 | 2 | 9 | 4 | 5 | 7 | 8 | 1 | 3 |
| 8 | 7 | 5 | 6 | 2 | 3 | 4 | 9 | 1 |
| 1 | 3 | 6 | 5 | 9 | 4 | 2 | 8 | 7 |
| 2 | 9 | 4 | 1 | 7 | 8 | 6 | 3 | 5 |

## #152

| | | | | | | | | |
|---|---|---|---|---|---|---|---|---|
| 9 | 8 | 2 | 4 | 7 | 3 | 1 | 6 | 5 |
| 7 | 3 | 5 | 6 | 8 | 1 | 4 | 9 | 2 |
| 6 | 4 | 1 | 5 | 9 | 2 | 3 | 7 | 8 |
| 4 | 7 | 3 | 2 | 1 | 5 | 6 | 8 | 9 |
| 8 | 1 | 6 | 9 | 3 | 7 | 5 | 2 | 4 |
| 2 | 5 | 9 | 8 | 4 | 6 | 7 | 1 | 3 |
| 1 | 9 | 4 | 7 | 5 | 8 | 2 | 3 | 6 |
| 3 | 6 | 8 | 1 | 2 | 4 | 9 | 5 | 7 |
| 5 | 2 | 7 | 3 | 6 | 9 | 8 | 4 | 1 |

## #153

| | | | | | | | | |
|---|---|---|---|---|---|---|---|---|
| 1 | 5 | 3 | 8 | 6 | 4 | 2 | 7 | 9 |
| 9 | 7 | 2 | 3 | 5 | 1 | 6 | 4 | 8 |
| 8 | 6 | 4 | 2 | 9 | 7 | 5 | 3 | 1 |
| 2 | 3 | 5 | 7 | 1 | 8 | 4 | 9 | 6 |
| 7 | 9 | 1 | 6 | 4 | 5 | 8 | 2 | 3 |
| 4 | 8 | 6 | 9 | 3 | 2 | 7 | 1 | 5 |
| 5 | 4 | 9 | 1 | 2 | 6 | 3 | 8 | 7 |
| 6 | 1 | 7 | 4 | 8 | 3 | 9 | 5 | 2 |
| 3 | 2 | 8 | 5 | 7 | 9 | 1 | 6 | 4 |

## #154

| | | | | | | | | |
|---|---|---|---|---|---|---|---|---|
| 9 | 3 | 7 | 6 | 1 | 2 | 8 | 4 | 5 |
| 2 | 4 | 1 | 8 | 5 | 3 | 7 | 6 | 9 |
| 8 | 6 | 5 | 7 | 4 | 9 | 1 | 3 | 2 |
| 1 | 9 | 6 | 4 | 3 | 5 | 2 | 8 | 7 |
| 3 | 2 | 4 | 1 | 8 | 7 | 5 | 9 | 6 |
| 5 | 7 | 8 | 9 | 2 | 6 | 3 | 1 | 4 |
| 7 | 1 | 2 | 3 | 6 | 4 | 9 | 5 | 8 |
| 6 | 8 | 9 | 5 | 7 | 1 | 4 | 2 | 3 |
| 4 | 5 | 3 | 2 | 9 | 8 | 6 | 7 | 1 |

## #155

| | | | | | | | | |
|---|---|---|---|---|---|---|---|---|
| 2 | 8 | 1 | 6 | 3 | 7 | 5 | 4 | 9 |
| 9 | 3 | 4 | 1 | 5 | 2 | 6 | 7 | 8 |
| 6 | 7 | 5 | 9 | 4 | 8 | 3 | 2 | 1 |
| 3 | 5 | 8 | 7 | 9 | 6 | 4 | 1 | 2 |
| 7 | 4 | 2 | 8 | 1 | 3 | 9 | 6 | 5 |
| 1 | 6 | 9 | 4 | 2 | 5 | 7 | 8 | 3 |
| 4 | 9 | 6 | 3 | 8 | 1 | 2 | 5 | 7 |
| 8 | 2 | 3 | 5 | 7 | 4 | 1 | 9 | 6 |
| 5 | 1 | 7 | 2 | 6 | 9 | 8 | 3 | 4 |

## #156

| | | | | | | | | |
|---|---|---|---|---|---|---|---|---|
| 7 | 5 | 9 | 4 | 3 | 8 | 1 | 6 | 2 |
| 8 | 2 | 3 | 5 | 6 | 1 | 9 | 7 | 4 |
| 4 | 1 | 6 | 2 | 9 | 7 | 8 | 5 | 3 |
| 2 | 3 | 5 | 1 | 8 | 6 | 7 | 4 | 9 |
| 1 | 4 | 7 | 3 | 5 | 9 | 6 | 2 | 8 |
| 9 | 6 | 8 | 7 | 2 | 4 | 3 | 1 | 5 |
| 3 | 9 | 4 | 6 | 7 | 2 | 5 | 8 | 1 |
| 5 | 7 | 2 | 8 | 1 | 3 | 4 | 9 | 6 |
| 6 | 8 | 1 | 9 | 4 | 5 | 2 | 3 | 7 |

## #157

| 5 | 2 | 9 | 7 | 1 | 8 | 6 | 3 | 4 |
|---|---|---|---|---|---|---|---|---|
| 1 | 3 | 6 | 4 | 2 | 9 | 5 | 7 | 8 |
| 4 | 7 | 8 | 6 | 3 | 5 | 9 | 1 | 2 |
| 9 | 4 | 1 | 3 | 7 | 6 | 8 | 2 | 5 |
| 2 | 8 | 3 | 9 | 5 | 4 | 7 | 6 | 1 |
| 6 | 5 | 7 | 1 | 8 | 2 | 3 | 4 | 9 |
| 7 | 1 | 4 | 5 | 9 | 3 | 2 | 8 | 6 |
| 3 | 9 | 2 | 8 | 6 | 1 | 4 | 5 | 7 |
| 8 | 6 | 5 | 2 | 4 | 7 | 1 | 9 | 3 |

## #158

| 2 | 5 | 4 | 9 | 7 | 1 | 8 | 6 | 3 |
|---|---|---|---|---|---|---|---|---|
| 8 | 9 | 1 | 6 | 5 | 3 | 4 | 2 | 7 |
| 6 | 3 | 7 | 2 | 4 | 8 | 5 | 9 | 1 |
| 4 | 8 | 6 | 5 | 3 | 7 | 9 | 1 | 2 |
| 1 | 2 | 5 | 8 | 6 | 9 | 3 | 7 | 4 |
| 3 | 7 | 9 | 1 | 2 | 4 | 6 | 5 | 8 |
| 7 | 4 | 2 | 3 | 9 | 5 | 1 | 8 | 6 |
| 5 | 6 | 8 | 4 | 1 | 2 | 7 | 3 | 9 |
| 9 | 1 | 3 | 7 | 8 | 6 | 2 | 4 | 5 |

## #159

| 7 | 3 | 4 | 5 | 8 | 1 | 6 | 9 | 2 |
|---|---|---|---|---|---|---|---|---|
| 2 | 6 | 1 | 3 | 7 | 9 | 5 | 4 | 8 |
| 9 | 5 | 8 | 2 | 6 | 4 | 1 | 3 | 7 |
| 6 | 4 | 3 | 7 | 1 | 8 | 9 | 2 | 5 |
| 8 | 2 | 9 | 4 | 5 | 3 | 7 | 6 | 1 |
| 5 | 1 | 7 | 6 | 9 | 2 | 3 | 8 | 4 |
| 3 | 8 | 6 | 1 | 4 | 7 | 2 | 5 | 9 |
| 1 | 9 | 2 | 8 | 3 | 5 | 4 | 7 | 6 |
| 4 | 7 | 5 | 9 | 2 | 6 | 8 | 1 | 3 |

## #160

| 3 | 9 | 5 | 1 | 8 | 6 | 2 | 4 | 7 |
|---|---|---|---|---|---|---|---|---|
| 1 | 8 | 6 | 7 | 4 | 2 | 5 | 9 | 3 |
| 7 | 2 | 4 | 5 | 3 | 9 | 1 | 8 | 6 |
| 9 | 4 | 8 | 3 | 2 | 7 | 6 | 1 | 5 |
| 2 | 5 | 1 | 6 | 9 | 4 | 7 | 3 | 8 |
| 6 | 7 | 3 | 8 | 5 | 1 | 4 | 2 | 9 |
| 8 | 1 | 2 | 9 | 7 | 5 | 3 | 6 | 4 |
| 5 | 6 | 9 | 4 | 1 | 3 | 8 | 7 | 2 |
| 4 | 3 | 7 | 2 | 6 | 8 | 9 | 5 | 1 |

## #161

| 1 | 8 | 6 | 9 | 3 | 7 | 5 | 2 | 4 |
|---|---|---|---|---|---|---|---|---|
| 5 | 9 | 7 | 1 | 2 | 4 | 6 | 8 | 3 |
| 3 | 2 | 4 | 5 | 8 | 6 | 7 | 9 | 1 |
| 8 | 5 | 1 | 3 | 7 | 2 | 4 | 6 | 9 |
| 4 | 7 | 3 | 8 | 6 | 9 | 1 | 5 | 2 |
| 9 | 6 | 2 | 4 | 5 | 1 | 3 | 7 | 8 |
| 6 | 3 | 9 | 7 | 4 | 8 | 2 | 1 | 5 |
| 7 | 4 | 8 | 2 | 1 | 5 | 9 | 3 | 6 |
| 2 | 1 | 5 | 6 | 9 | 3 | 8 | 4 | 7 |

## #162

| 1 | 3 | 6 | 9 | 8 | 5 | 4 | 7 | 2 |
|---|---|---|---|---|---|---|---|---|
| 5 | 7 | 8 | 2 | 6 | 4 | 3 | 9 | 1 |
| 9 | 2 | 4 | 1 | 3 | 7 | 8 | 6 | 5 |
| 6 | 1 | 9 | 3 | 7 | 8 | 2 | 5 | 4 |
| 7 | 4 | 3 | 5 | 2 | 6 | 9 | 1 | 8 |
| 8 | 5 | 2 | 4 | 9 | 1 | 7 | 3 | 6 |
| 3 | 9 | 1 | 6 | 4 | 2 | 5 | 8 | 7 |
| 2 | 8 | 5 | 7 | 1 | 3 | 6 | 4 | 9 |
| 4 | 6 | 7 | 8 | 5 | 9 | 1 | 2 | 3 |

## #163

| | | | | | | | | |
|---|---|---|---|---|---|---|---|---|
| 2 | 4 | 7 | 8 | 5 | 6 | 3 | 9 | 1 |
| 3 | 5 | 8 | 1 | 4 | 9 | 2 | 6 | 7 |
| 6 | 9 | 1 | 2 | 7 | 3 | 5 | 8 | 4 |
| 1 | 3 | 9 | 6 | 2 | 5 | 7 | 4 | 8 |
| 4 | 8 | 5 | 7 | 3 | 1 | 9 | 2 | 6 |
| 7 | 6 | 2 | 9 | 8 | 4 | 1 | 3 | 5 |
| 9 | 7 | 4 | 3 | 1 | 8 | 6 | 5 | 2 |
| 5 | 1 | 6 | 4 | 9 | 2 | 8 | 7 | 3 |
| 8 | 2 | 3 | 5 | 6 | 7 | 4 | 1 | 9 |

## #164

| | | | | | | | | |
|---|---|---|---|---|---|---|---|---|
| 4 | 8 | 9 | 2 | 3 | 1 | 5 | 6 | 7 |
| 3 | 5 | 7 | 6 | 8 | 4 | 2 | 9 | 1 |
| 6 | 1 | 2 | 9 | 7 | 5 | 3 | 4 | 8 |
| 1 | 3 | 6 | 5 | 4 | 8 | 9 | 7 | 2 |
| 2 | 4 | 5 | 1 | 9 | 7 | 6 | 8 | 3 |
| 9 | 7 | 8 | 3 | 6 | 2 | 4 | 1 | 5 |
| 5 | 2 | 4 | 7 | 1 | 6 | 8 | 3 | 9 |
| 7 | 6 | 3 | 8 | 2 | 9 | 1 | 5 | 4 |
| 8 | 9 | 1 | 4 | 5 | 3 | 7 | 2 | 6 |

## #165

| | | | | | | | | |
|---|---|---|---|---|---|---|---|---|
| 9 | 1 | 7 | 6 | 5 | 3 | 4 | 8 | 2 |
| 6 | 2 | 4 | 9 | 7 | 8 | 3 | 1 | 5 |
| 5 | 8 | 3 | 4 | 1 | 2 | 7 | 9 | 6 |
| 3 | 4 | 2 | 8 | 9 | 6 | 5 | 7 | 1 |
| 1 | 6 | 5 | 3 | 2 | 7 | 8 | 4 | 9 |
| 7 | 9 | 8 | 5 | 4 | 1 | 2 | 6 | 3 |
| 2 | 3 | 9 | 7 | 6 | 4 | 1 | 5 | 8 |
| 4 | 5 | 1 | 2 | 8 | 9 | 6 | 3 | 7 |
| 8 | 7 | 6 | 1 | 3 | 5 | 9 | 2 | 4 |

## #166

| | | | | | | | | |
|---|---|---|---|---|---|---|---|---|
| 1 | 6 | 8 | 5 | 2 | 4 | 9 | 3 | 7 |
| 7 | 4 | 2 | 1 | 9 | 3 | 6 | 5 | 8 |
| 5 | 9 | 3 | 8 | 6 | 7 | 4 | 1 | 2 |
| 4 | 5 | 9 | 7 | 8 | 1 | 3 | 2 | 6 |
| 3 | 8 | 6 | 2 | 5 | 9 | 1 | 7 | 4 |
| 2 | 7 | 1 | 4 | 3 | 6 | 5 | 8 | 9 |
| 8 | 1 | 4 | 6 | 7 | 5 | 2 | 9 | 3 |
| 9 | 2 | 5 | 3 | 4 | 8 | 7 | 6 | 1 |
| 6 | 3 | 7 | 9 | 1 | 2 | 8 | 4 | 5 |

## #167

| | | | | | | | | |
|---|---|---|---|---|---|---|---|---|
| 2 | 4 | 9 | 3 | 1 | 7 | 8 | 6 | 5 |
| 5 | 3 | 7 | 2 | 6 | 8 | 9 | 1 | 4 |
| 1 | 6 | 8 | 4 | 5 | 9 | 3 | 2 | 7 |
| 9 | 8 | 6 | 7 | 2 | 1 | 5 | 4 | 3 |
| 7 | 5 | 4 | 8 | 3 | 6 | 1 | 9 | 2 |
| 3 | 2 | 1 | 5 | 9 | 4 | 7 | 8 | 6 |
| 8 | 7 | 5 | 1 | 4 | 2 | 6 | 3 | 9 |
| 4 | 9 | 3 | 6 | 8 | 5 | 2 | 7 | 1 |
| 6 | 1 | 2 | 9 | 7 | 3 | 4 | 5 | 8 |

## #168

| | | | | | | | | |
|---|---|---|---|---|---|---|---|---|
| 4 | 6 | 8 | 1 | 3 | 2 | 9 | 7 | 5 |
| 2 | 7 | 1 | 5 | 4 | 9 | 6 | 8 | 3 |
| 3 | 5 | 9 | 6 | 8 | 7 | 1 | 2 | 4 |
| 1 | 9 | 5 | 3 | 2 | 8 | 4 | 6 | 7 |
| 6 | 2 | 4 | 9 | 7 | 1 | 3 | 5 | 8 |
| 7 | 8 | 3 | 4 | 5 | 6 | 2 | 1 | 9 |
| 9 | 4 | 2 | 7 | 6 | 5 | 8 | 3 | 1 |
| 5 | 3 | 6 | 8 | 1 | 4 | 7 | 9 | 2 |
| 8 | 1 | 7 | 2 | 9 | 3 | 5 | 4 | 6 |

## #169

| | | | | | | | | |
|---|---|---|---|---|---|---|---|---|
| 4 | 8 | 6 | 1 | 5 | 7 | 3 | 2 | 9 |
| 2 | 1 | 3 | 8 | 4 | 9 | 7 | 5 | 6 |
| 9 | 5 | 7 | 3 | 2 | 6 | 1 | 4 | 8 |
| 3 | 6 | 2 | 4 | 1 | 8 | 5 | 9 | 7 |
| 1 | 7 | 8 | 5 | 9 | 3 | 2 | 6 | 4 |
| 5 | 9 | 4 | 7 | 6 | 2 | 8 | 3 | 1 |
| 6 | 2 | 1 | 9 | 8 | 5 | 4 | 7 | 3 |
| 7 | 4 | 9 | 2 | 3 | 1 | 6 | 8 | 5 |
| 8 | 3 | 5 | 6 | 7 | 4 | 9 | 1 | 2 |

## #170

| | | | | | | | | |
|---|---|---|---|---|---|---|---|---|
| 7 | 1 | 5 | 8 | 6 | 3 | 4 | 9 | 2 |
| 3 | 4 | 9 | 2 | 7 | 5 | 1 | 8 | 6 |
| 6 | 8 | 2 | 1 | 4 | 9 | 5 | 7 | 3 |
| 8 | 9 | 4 | 3 | 2 | 6 | 7 | 5 | 1 |
| 1 | 6 | 7 | 9 | 5 | 8 | 3 | 2 | 4 |
| 5 | 2 | 3 | 7 | 1 | 4 | 8 | 6 | 9 |
| 9 | 7 | 8 | 6 | 3 | 1 | 2 | 4 | 5 |
| 2 | 5 | 1 | 4 | 9 | 7 | 6 | 3 | 8 |
| 4 | 3 | 6 | 5 | 8 | 2 | 9 | 1 | 7 |

## #171

| | | | | | | | | |
|---|---|---|---|---|---|---|---|---|
| 3 | 2 | 6 | 8 | 5 | 9 | 4 | 1 | 7 |
| 4 | 1 | 9 | 3 | 6 | 7 | 8 | 2 | 5 |
| 7 | 5 | 8 | 4 | 2 | 1 | 3 | 6 | 9 |
| 1 | 3 | 5 | 7 | 9 | 2 | 6 | 4 | 8 |
| 8 | 7 | 4 | 1 | 3 | 6 | 5 | 9 | 2 |
| 9 | 6 | 2 | 5 | 4 | 8 | 1 | 7 | 3 |
| 6 | 4 | 7 | 2 | 8 | 3 | 9 | 5 | 1 |
| 5 | 8 | 1 | 9 | 7 | 4 | 2 | 3 | 6 |
| 2 | 9 | 3 | 6 | 1 | 5 | 7 | 8 | 4 |

## #172

| | | | | | | | | |
|---|---|---|---|---|---|---|---|---|
| 5 | 9 | 1 | 4 | 8 | 6 | 3 | 7 | 2 |
| 4 | 7 | 6 | 2 | 1 | 3 | 9 | 5 | 8 |
| 3 | 8 | 2 | 7 | 9 | 5 | 6 | 4 | 1 |
| 2 | 1 | 9 | 6 | 7 | 4 | 8 | 3 | 5 |
| 7 | 3 | 8 | 1 | 5 | 9 | 2 | 6 | 4 |
| 6 | 5 | 4 | 3 | 2 | 8 | 1 | 9 | 7 |
| 9 | 2 | 3 | 8 | 4 | 7 | 5 | 1 | 6 |
| 1 | 4 | 5 | 9 | 6 | 2 | 7 | 8 | 3 |
| 8 | 6 | 7 | 5 | 3 | 1 | 4 | 2 | 9 |

## #173

| | | | | | | | | |
|---|---|---|---|---|---|---|---|---|
| 4 | 7 | 1 | 2 | 3 | 6 | 9 | 5 | 8 |
| 5 | 8 | 3 | 4 | 9 | 1 | 7 | 6 | 2 |
| 6 | 9 | 2 | 7 | 8 | 5 | 1 | 3 | 4 |
| 7 | 4 | 6 | 1 | 5 | 9 | 8 | 2 | 3 |
| 1 | 5 | 8 | 6 | 2 | 3 | 4 | 7 | 9 |
| 3 | 2 | 9 | 8 | 7 | 4 | 5 | 1 | 6 |
| 2 | 3 | 4 | 9 | 1 | 7 | 6 | 8 | 5 |
| 9 | 1 | 5 | 3 | 6 | 8 | 2 | 4 | 7 |
| 8 | 6 | 7 | 5 | 4 | 2 | 3 | 9 | 1 |

## #174

| | | | | | | | | |
|---|---|---|---|---|---|---|---|---|
| 3 | 4 | 1 | 7 | 6 | 8 | 9 | 2 | 5 |
| 2 | 9 | 5 | 1 | 3 | 4 | 6 | 8 | 7 |
| 8 | 6 | 7 | 9 | 5 | 2 | 1 | 4 | 3 |
| 7 | 2 | 4 | 6 | 1 | 9 | 3 | 5 | 8 |
| 5 | 1 | 8 | 2 | 4 | 3 | 7 | 9 | 6 |
| 6 | 3 | 9 | 8 | 7 | 5 | 4 | 1 | 2 |
| 4 | 5 | 2 | 3 | 9 | 6 | 8 | 7 | 1 |
| 9 | 7 | 6 | 5 | 8 | 1 | 2 | 3 | 4 |
| 1 | 8 | 3 | 4 | 2 | 7 | 5 | 6 | 9 |

## #175

| | | | | | | | | |
|---|---|---|---|---|---|---|---|---|
| 5 | 7 | 4 | 8 | 1 | 6 | 3 | 2 | 9 |
| 9 | 6 | 1 | 3 | 7 | 2 | 5 | 4 | 8 |
| 8 | 3 | 2 | 9 | 4 | 5 | 6 | 7 | 1 |
| 7 | 5 | 9 | 4 | 2 | 3 | 1 | 8 | 6 |
| 3 | 1 | 8 | 5 | 6 | 7 | 4 | 9 | 2 |
| 4 | 2 | 6 | 1 | 9 | 8 | 7 | 5 | 3 |
| 1 | 4 | 5 | 6 | 8 | 9 | 2 | 3 | 7 |
| 2 | 8 | 3 | 7 | 5 | 1 | 9 | 6 | 4 |
| 6 | 9 | 7 | 2 | 3 | 4 | 8 | 1 | 5 |

## #176

| | | | | | | | | |
|---|---|---|---|---|---|---|---|---|
| 2 | 8 | 5 | 4 | 9 | 7 | 6 | 3 | 1 |
| 6 | 3 | 7 | 5 | 8 | 1 | 2 | 4 | 9 |
| 9 | 4 | 1 | 6 | 3 | 2 | 5 | 7 | 8 |
| 3 | 9 | 4 | 1 | 2 | 5 | 7 | 8 | 6 |
| 1 | 5 | 2 | 8 | 7 | 6 | 4 | 9 | 3 |
| 7 | 6 | 8 | 9 | 4 | 3 | 1 | 5 | 2 |
| 4 | 1 | 9 | 7 | 6 | 8 | 3 | 2 | 5 |
| 5 | 7 | 3 | 2 | 1 | 9 | 8 | 6 | 4 |
| 8 | 2 | 6 | 3 | 5 | 4 | 9 | 1 | 7 |

## #177

| | | | | | | | | |
|---|---|---|---|---|---|---|---|---|
| 9 | 7 | 8 | 2 | 6 | 1 | 5 | 3 | 4 |
| 1 | 2 | 5 | 9 | 4 | 3 | 8 | 7 | 6 |
| 6 | 4 | 3 | 8 | 7 | 5 | 1 | 2 | 9 |
| 7 | 8 | 1 | 3 | 2 | 6 | 4 | 9 | 5 |
| 4 | 6 | 9 | 5 | 1 | 7 | 3 | 8 | 2 |
| 5 | 3 | 2 | 4 | 8 | 9 | 7 | 6 | 1 |
| 3 | 5 | 6 | 1 | 9 | 8 | 2 | 4 | 7 |
| 2 | 1 | 7 | 6 | 3 | 4 | 9 | 5 | 8 |
| 8 | 9 | 4 | 7 | 5 | 2 | 6 | 1 | 3 |

## #178

| | | | | | | | | |
|---|---|---|---|---|---|---|---|---|
| 3 | 2 | 5 | 9 | 7 | 4 | 1 | 8 | 6 |
| 8 | 6 | 4 | 5 | 1 | 2 | 9 | 7 | 3 |
| 7 | 9 | 1 | 3 | 8 | 6 | 2 | 4 | 5 |
| 2 | 7 | 9 | 1 | 6 | 3 | 4 | 5 | 8 |
| 4 | 5 | 3 | 2 | 9 | 8 | 6 | 1 | 7 |
| 6 | 1 | 8 | 4 | 5 | 7 | 3 | 2 | 9 |
| 9 | 3 | 7 | 8 | 2 | 1 | 5 | 6 | 4 |
| 5 | 8 | 2 | 6 | 4 | 9 | 7 | 3 | 1 |
| 1 | 4 | 6 | 7 | 3 | 5 | 8 | 9 | 2 |

## #179

| | | | | | | | | |
|---|---|---|---|---|---|---|---|---|
| 3 | 6 | 7 | 1 | 8 | 2 | 4 | 9 | 5 |
| 5 | 8 | 4 | 3 | 9 | 7 | 6 | 2 | 1 |
| 2 | 1 | 9 | 5 | 4 | 6 | 7 | 8 | 3 |
| 8 | 4 | 3 | 7 | 2 | 1 | 5 | 6 | 9 |
| 7 | 2 | 6 | 4 | 5 | 9 | 1 | 3 | 8 |
| 9 | 5 | 1 | 6 | 3 | 8 | 2 | 4 | 7 |
| 1 | 7 | 2 | 9 | 6 | 3 | 8 | 5 | 4 |
| 4 | 9 | 8 | 2 | 1 | 5 | 3 | 7 | 6 |
| 6 | 3 | 5 | 8 | 7 | 4 | 9 | 1 | 2 |

## #180

| | | | | | | | | |
|---|---|---|---|---|---|---|---|---|
| 4 | 6 | 2 | 3 | 5 | 9 | 7 | 1 | 8 |
| 5 | 8 | 9 | 7 | 4 | 1 | 6 | 2 | 3 |
| 7 | 1 | 3 | 8 | 6 | 2 | 9 | 4 | 5 |
| 3 | 5 | 7 | 1 | 2 | 6 | 8 | 9 | 4 |
| 8 | 4 | 1 | 5 | 9 | 7 | 2 | 3 | 6 |
| 9 | 2 | 6 | 4 | 8 | 3 | 1 | 5 | 7 |
| 6 | 3 | 5 | 2 | 1 | 8 | 4 | 7 | 9 |
| 2 | 9 | 4 | 6 | 7 | 5 | 3 | 8 | 1 |
| 1 | 7 | 8 | 9 | 3 | 4 | 5 | 6 | 2 |

## #181

| | | | | | | | | |
|---|---|---|---|---|---|---|---|---|
| 5 | 3 | 7 | 2 | 1 | 9 | 8 | 4 | 6 |
| 6 | 9 | 8 | 7 | 4 | 3 | 5 | 1 | 2 |
| 4 | 2 | 1 | 8 | 6 | 5 | 3 | 9 | 7 |
| 8 | 6 | 9 | 1 | 7 | 4 | 2 | 5 | 3 |
| 2 | 4 | 3 | 6 | 5 | 8 | 1 | 7 | 9 |
| 7 | 1 | 5 | 3 | 9 | 2 | 6 | 8 | 4 |
| 9 | 5 | 2 | 4 | 8 | 6 | 7 | 3 | 1 |
| 3 | 7 | 4 | 5 | 2 | 1 | 9 | 6 | 8 |
| 1 | 8 | 6 | 9 | 3 | 7 | 4 | 2 | 5 |

## #182

| | | | | | | | | |
|---|---|---|---|---|---|---|---|---|
| 4 | 8 | 5 | 9 | 3 | 1 | 6 | 7 | 2 |
| 7 | 6 | 2 | 4 | 8 | 5 | 9 | 3 | 1 |
| 3 | 9 | 1 | 7 | 2 | 6 | 4 | 8 | 5 |
| 6 | 3 | 8 | 5 | 4 | 2 | 7 | 1 | 9 |
| 2 | 7 | 4 | 3 | 1 | 9 | 5 | 6 | 8 |
| 1 | 5 | 9 | 8 | 6 | 7 | 2 | 4 | 3 |
| 8 | 4 | 7 | 2 | 9 | 3 | 1 | 5 | 6 |
| 9 | 1 | 3 | 6 | 5 | 4 | 8 | 2 | 7 |
| 5 | 2 | 6 | 1 | 7 | 8 | 3 | 9 | 4 |

## #183

| | | | | | | | | |
|---|---|---|---|---|---|---|---|---|
| 1 | 5 | 4 | 3 | 7 | 2 | 8 | 9 | 6 |
| 7 | 8 | 3 | 6 | 4 | 9 | 5 | 1 | 2 |
| 6 | 9 | 2 | 1 | 5 | 8 | 7 | 3 | 4 |
| 4 | 3 | 9 | 5 | 8 | 7 | 6 | 2 | 1 |
| 5 | 6 | 8 | 4 | 2 | 1 | 9 | 7 | 3 |
| 2 | 1 | 7 | 9 | 3 | 6 | 4 | 5 | 8 |
| 3 | 7 | 1 | 8 | 6 | 5 | 2 | 4 | 9 |
| 9 | 2 | 6 | 7 | 1 | 4 | 3 | 8 | 5 |
| 8 | 4 | 5 | 2 | 9 | 3 | 1 | 6 | 7 |

## #184

| | | | | | | | | |
|---|---|---|---|---|---|---|---|---|
| 9 | 6 | 3 | 7 | 8 | 4 | 1 | 2 | 5 |
| 8 | 7 | 5 | 2 | 1 | 3 | 4 | 9 | 6 |
| 2 | 4 | 1 | 9 | 5 | 6 | 8 | 3 | 7 |
| 4 | 2 | 6 | 8 | 3 | 1 | 7 | 5 | 9 |
| 5 | 8 | 9 | 4 | 2 | 7 | 6 | 1 | 3 |
| 3 | 1 | 7 | 6 | 9 | 5 | 2 | 4 | 8 |
| 1 | 3 | 8 | 5 | 7 | 2 | 9 | 6 | 4 |
| 7 | 5 | 4 | 1 | 6 | 9 | 3 | 8 | 2 |
| 6 | 9 | 2 | 3 | 4 | 8 | 5 | 7 | 1 |

## #185

| | | | | | | | | |
|---|---|---|---|---|---|---|---|---|
| 3 | 4 | 9 | 6 | 7 | 1 | 5 | 2 | 8 |
| 7 | 2 | 8 | 5 | 4 | 9 | 6 | 3 | 1 |
| 5 | 1 | 6 | 2 | 8 | 3 | 7 | 9 | 4 |
| 4 | 9 | 3 | 1 | 5 | 8 | 2 | 7 | 6 |
| 2 | 7 | 1 | 4 | 9 | 6 | 3 | 8 | 5 |
| 6 | 8 | 5 | 3 | 2 | 7 | 4 | 1 | 9 |
| 9 | 5 | 7 | 8 | 6 | 2 | 1 | 4 | 3 |
| 1 | 6 | 2 | 9 | 3 | 4 | 8 | 5 | 7 |
| 8 | 3 | 4 | 7 | 1 | 5 | 9 | 6 | 2 |

## #186

| | | | | | | | | |
|---|---|---|---|---|---|---|---|---|
| 5 | 3 | 7 | 6 | 2 | 4 | 8 | 1 | 9 |
| 1 | 8 | 6 | 5 | 7 | 9 | 3 | 4 | 2 |
| 2 | 9 | 4 | 1 | 3 | 8 | 7 | 6 | 5 |
| 8 | 7 | 1 | 3 | 6 | 5 | 2 | 9 | 4 |
| 3 | 4 | 2 | 9 | 8 | 1 | 6 | 5 | 7 |
| 6 | 5 | 9 | 7 | 4 | 2 | 1 | 8 | 3 |
| 4 | 2 | 3 | 8 | 9 | 6 | 5 | 7 | 1 |
| 9 | 6 | 5 | 2 | 1 | 7 | 4 | 3 | 8 |
| 7 | 1 | 8 | 4 | 5 | 3 | 9 | 2 | 6 |

## #187

| | | | | | | | | |
|---|---|---|---|---|---|---|---|---|
| 7 | 6 | 4 | 2 | 5 | 1 | 8 | 9 | 3 |
| 1 | 3 | 9 | 7 | 8 | 4 | 5 | 2 | 6 |
| 2 | 5 | 8 | 3 | 9 | 6 | 4 | 1 | 7 |
| 5 | 9 | 7 | 4 | 1 | 3 | 6 | 8 | 2 |
| 3 | 4 | 6 | 8 | 2 | 9 | 7 | 5 | 1 |
| 8 | 2 | 1 | 6 | 7 | 5 | 9 | 3 | 4 |
| 4 | 7 | 5 | 1 | 3 | 8 | 2 | 6 | 9 |
| 6 | 8 | 3 | 9 | 4 | 2 | 1 | 7 | 5 |
| 9 | 1 | 2 | 5 | 6 | 7 | 3 | 4 | 8 |

## #188

| | | | | | | | | |
|---|---|---|---|---|---|---|---|---|
| 6 | 2 | 7 | 9 | 8 | 3 | 1 | 4 | 5 |
| 4 | 3 | 5 | 2 | 6 | 1 | 8 | 7 | 9 |
| 9 | 1 | 8 | 7 | 4 | 5 | 6 | 3 | 2 |
| 2 | 8 | 6 | 4 | 1 | 9 | 7 | 5 | 3 |
| 5 | 9 | 3 | 8 | 2 | 7 | 4 | 1 | 6 |
| 1 | 7 | 4 | 5 | 3 | 6 | 9 | 2 | 8 |
| 8 | 6 | 2 | 3 | 7 | 4 | 5 | 9 | 1 |
| 3 | 4 | 9 | 1 | 5 | 8 | 2 | 6 | 7 |
| 7 | 5 | 1 | 6 | 9 | 2 | 3 | 8 | 4 |

## #189

| | | | | | | | | |
|---|---|---|---|---|---|---|---|---|
| 2 | 6 | 8 | 5 | 3 | 7 | 9 | 1 | 4 |
| 3 | 5 | 4 | 9 | 8 | 1 | 6 | 2 | 7 |
| 9 | 7 | 1 | 2 | 6 | 4 | 8 | 3 | 5 |
| 6 | 8 | 5 | 3 | 7 | 2 | 4 | 9 | 1 |
| 1 | 9 | 2 | 4 | 5 | 6 | 7 | 8 | 3 |
| 4 | 3 | 7 | 8 | 1 | 9 | 2 | 5 | 6 |
| 5 | 2 | 3 | 6 | 4 | 8 | 1 | 7 | 9 |
| 8 | 1 | 6 | 7 | 9 | 5 | 3 | 4 | 2 |
| 7 | 4 | 9 | 1 | 2 | 3 | 5 | 6 | 8 |

## #190

| | | | | | | | | |
|---|---|---|---|---|---|---|---|---|
| 9 | 8 | 3 | 4 | 1 | 7 | 5 | 2 | 6 |
| 6 | 1 | 5 | 2 | 9 | 8 | 3 | 4 | 7 |
| 2 | 7 | 4 | 5 | 6 | 3 | 9 | 8 | 1 |
| 3 | 2 | 1 | 6 | 8 | 9 | 7 | 5 | 4 |
| 4 | 9 | 8 | 3 | 7 | 5 | 6 | 1 | 2 |
| 5 | 6 | 7 | 1 | 4 | 2 | 8 | 9 | 3 |
| 8 | 3 | 6 | 9 | 2 | 1 | 4 | 7 | 5 |
| 7 | 4 | 2 | 8 | 5 | 6 | 1 | 3 | 9 |
| 1 | 5 | 9 | 7 | 3 | 4 | 2 | 6 | 8 |

## #191

| | | | | | | | | |
|---|---|---|---|---|---|---|---|---|
| 6 | 8 | 2 | 4 | 9 | 3 | 7 | 5 | 1 |
| 4 | 3 | 9 | 7 | 1 | 5 | 8 | 6 | 2 |
| 5 | 1 | 7 | 8 | 2 | 6 | 9 | 3 | 4 |
| 8 | 5 | 1 | 3 | 6 | 9 | 4 | 2 | 7 |
| 9 | 4 | 3 | 5 | 7 | 2 | 6 | 1 | 8 |
| 7 | 2 | 6 | 1 | 8 | 4 | 5 | 9 | 3 |
| 2 | 9 | 4 | 6 | 3 | 7 | 1 | 8 | 5 |
| 1 | 6 | 5 | 2 | 4 | 8 | 3 | 7 | 9 |
| 3 | 7 | 8 | 9 | 5 | 1 | 2 | 4 | 6 |

## #192

| | | | | | | | | |
|---|---|---|---|---|---|---|---|---|
| 1 | 3 | 8 | 7 | 9 | 4 | 5 | 6 | 2 |
| 6 | 2 | 4 | 5 | 3 | 1 | 9 | 8 | 7 |
| 7 | 9 | 5 | 6 | 2 | 8 | 3 | 4 | 1 |
| 2 | 6 | 7 | 3 | 8 | 9 | 1 | 5 | 4 |
| 3 | 8 | 9 | 4 | 1 | 5 | 2 | 7 | 6 |
| 5 | 4 | 1 | 2 | 6 | 7 | 8 | 3 | 9 |
| 8 | 1 | 6 | 9 | 4 | 3 | 7 | 2 | 5 |
| 9 | 7 | 2 | 8 | 5 | 6 | 4 | 1 | 3 |
| 4 | 5 | 3 | 1 | 7 | 2 | 6 | 9 | 8 |

## #193

| | | | | | | | | |
|---|---|---|---|---|---|---|---|---|
| 6 | 3 | 4 | 5 | 2 | 7 | 8 | 9 | 1 |
| 1 | 2 | 8 | 3 | 4 | 9 | 7 | 6 | 5 |
| 5 | 7 | 9 | 6 | 8 | 1 | 4 | 3 | 2 |
| 3 | 4 | 1 | 8 | 7 | 6 | 2 | 5 | 9 |
| 8 | 9 | 6 | 2 | 5 | 4 | 3 | 1 | 7 |
| 7 | 5 | 2 | 9 | 1 | 3 | 6 | 8 | 4 |
| 4 | 8 | 7 | 1 | 3 | 5 | 9 | 2 | 6 |
| 9 | 1 | 3 | 4 | 6 | 2 | 5 | 7 | 8 |
| 2 | 6 | 5 | 7 | 9 | 8 | 1 | 4 | 3 |

## #194

| | | | | | | | | |
|---|---|---|---|---|---|---|---|---|
| 1 | 6 | 7 | 4 | 8 | 5 | 3 | 2 | 9 |
| 9 | 4 | 5 | 7 | 2 | 3 | 8 | 1 | 6 |
| 3 | 2 | 8 | 6 | 9 | 1 | 7 | 5 | 4 |
| 2 | 3 | 1 | 9 | 7 | 6 | 5 | 4 | 8 |
| 6 | 8 | 9 | 2 | 5 | 4 | 1 | 7 | 3 |
| 7 | 5 | 4 | 3 | 1 | 8 | 9 | 6 | 2 |
| 8 | 7 | 3 | 5 | 6 | 2 | 4 | 9 | 1 |
| 4 | 9 | 6 | 1 | 3 | 7 | 2 | 8 | 5 |
| 5 | 1 | 2 | 8 | 4 | 9 | 6 | 3 | 7 |

## #195

| | | | | | | | | |
|---|---|---|---|---|---|---|---|---|
| 8 | 7 | 5 | 1 | 6 | 4 | 9 | 2 | 3 |
| 2 | 9 | 1 | 8 | 5 | 3 | 4 | 7 | 6 |
| 6 | 4 | 3 | 2 | 7 | 9 | 5 | 1 | 8 |
| 1 | 8 | 2 | 7 | 4 | 5 | 6 | 3 | 9 |
| 7 | 6 | 9 | 3 | 2 | 8 | 1 | 4 | 5 |
| 3 | 5 | 4 | 9 | 1 | 6 | 2 | 8 | 7 |
| 9 | 2 | 8 | 6 | 3 | 1 | 7 | 5 | 4 |
| 4 | 3 | 7 | 5 | 9 | 2 | 8 | 6 | 1 |
| 5 | 1 | 6 | 4 | 8 | 7 | 3 | 9 | 2 |

## #196

| | | | | | | | | |
|---|---|---|---|---|---|---|---|---|
| 3 | 6 | 1 | 4 | 5 | 9 | 8 | 2 | 7 |
| 9 | 5 | 8 | 6 | 2 | 7 | 1 | 3 | 4 |
| 7 | 2 | 4 | 3 | 1 | 8 | 9 | 5 | 6 |
| 2 | 8 | 3 | 5 | 4 | 1 | 7 | 6 | 9 |
| 1 | 9 | 6 | 7 | 8 | 3 | 2 | 4 | 5 |
| 4 | 7 | 5 | 2 | 9 | 6 | 3 | 1 | 8 |
| 8 | 4 | 7 | 1 | 6 | 2 | 5 | 9 | 3 |
| 6 | 3 | 2 | 9 | 7 | 5 | 4 | 8 | 1 |
| 5 | 1 | 9 | 8 | 3 | 4 | 6 | 7 | 2 |

## #197

| | | | | | | | | |
|---|---|---|---|---|---|---|---|---|
| 8 | 2 | 7 | 5 | 3 | 6 | 1 | 9 | 4 |
| 9 | 5 | 1 | 7 | 4 | 2 | 3 | 8 | 6 |
| 4 | 3 | 6 | 9 | 1 | 8 | 7 | 2 | 5 |
| 6 | 9 | 4 | 1 | 8 | 7 | 5 | 3 | 2 |
| 3 | 1 | 8 | 6 | 2 | 5 | 9 | 4 | 7 |
| 2 | 7 | 5 | 3 | 9 | 4 | 8 | 6 | 1 |
| 1 | 4 | 3 | 2 | 7 | 9 | 6 | 5 | 8 |
| 5 | 8 | 9 | 4 | 6 | 1 | 2 | 7 | 3 |
| 7 | 6 | 2 | 8 | 5 | 3 | 4 | 1 | 9 |

## #198

| | | | | | | | | |
|---|---|---|---|---|---|---|---|---|
| 1 | 7 | 6 | 8 | 3 | 2 | 5 | 4 | 9 |
| 8 | 9 | 4 | 1 | 5 | 7 | 2 | 3 | 6 |
| 5 | 2 | 3 | 9 | 4 | 6 | 7 | 1 | 8 |
| 6 | 5 | 8 | 2 | 9 | 1 | 4 | 7 | 3 |
| 3 | 4 | 2 | 7 | 6 | 5 | 9 | 8 | 1 |
| 9 | 1 | 7 | 3 | 8 | 4 | 6 | 5 | 2 |
| 2 | 3 | 1 | 5 | 7 | 9 | 8 | 6 | 4 |
| 4 | 8 | 5 | 6 | 2 | 3 | 1 | 9 | 7 |
| 7 | 6 | 9 | 4 | 1 | 8 | 3 | 2 | 5 |

## #199

| | | | | | | | | |
|---|---|---|---|---|---|---|---|---|
| 2 | 1 | 9 | 5 | 3 | 6 | 8 | 4 | 7 |
| 8 | 4 | 6 | 7 | 9 | 2 | 1 | 5 | 3 |
| 5 | 7 | 3 | 4 | 1 | 8 | 6 | 2 | 9 |
| 1 | 8 | 5 | 6 | 4 | 9 | 7 | 3 | 2 |
| 3 | 9 | 4 | 8 | 2 | 7 | 5 | 6 | 1 |
| 7 | 6 | 2 | 1 | 5 | 3 | 9 | 8 | 4 |
| 9 | 3 | 8 | 2 | 6 | 1 | 4 | 7 | 5 |
| 6 | 5 | 1 | 3 | 7 | 4 | 2 | 9 | 8 |
| 4 | 2 | 7 | 9 | 8 | 5 | 3 | 1 | 6 |

## #200

| | | | | | | | | |
|---|---|---|---|---|---|---|---|---|
| 8 | 3 | 2 | 6 | 5 | 1 | 4 | 9 | 7 |
| 6 | 4 | 7 | 8 | 2 | 9 | 5 | 3 | 1 |
| 1 | 9 | 5 | 7 | 4 | 3 | 8 | 2 | 6 |
| 4 | 2 | 6 | 9 | 8 | 5 | 7 | 1 | 3 |
| 3 | 8 | 1 | 2 | 6 | 7 | 9 | 5 | 4 |
| 7 | 5 | 9 | 1 | 3 | 4 | 6 | 8 | 2 |
| 5 | 1 | 3 | 4 | 7 | 8 | 2 | 6 | 9 |
| 2 | 7 | 8 | 3 | 9 | 6 | 1 | 4 | 5 |
| 9 | 6 | 4 | 5 | 1 | 2 | 3 | 7 | 8 |

## #201

| | | | | | | | | |
|---|---|---|---|---|---|---|---|---|
| 3 | 9 | 8 | 4 | 7 | 6 | 2 | 5 | 1 |
| 4 | 1 | 6 | 8 | 2 | 5 | 7 | 3 | 9 |
| 7 | 2 | 5 | 1 | 9 | 3 | 8 | 6 | 4 |
| 9 | 5 | 2 | 7 | 8 | 4 | 3 | 1 | 6 |
| 8 | 3 | 7 | 5 | 6 | 1 | 9 | 4 | 2 |
| 1 | 6 | 4 | 2 | 3 | 9 | 5 | 8 | 7 |
| 6 | 8 | 3 | 9 | 4 | 2 | 1 | 7 | 5 |
| 5 | 7 | 9 | 6 | 1 | 8 | 4 | 2 | 3 |
| 2 | 4 | 1 | 3 | 5 | 7 | 6 | 9 | 8 |

## #202

| | | | | | | | | |
|---|---|---|---|---|---|---|---|---|
| 8 | 7 | 4 | 1 | 3 | 5 | 9 | 6 | 2 |
| 9 | 3 | 6 | 7 | 4 | 2 | 1 | 8 | 5 |
| 1 | 2 | 5 | 6 | 8 | 9 | 3 | 4 | 7 |
| 6 | 4 | 1 | 9 | 7 | 3 | 2 | 5 | 8 |
| 7 | 5 | 3 | 4 | 2 | 8 | 6 | 9 | 1 |
| 2 | 9 | 8 | 5 | 6 | 1 | 7 | 3 | 4 |
| 4 | 6 | 9 | 2 | 5 | 7 | 8 | 1 | 3 |
| 3 | 1 | 7 | 8 | 9 | 4 | 5 | 2 | 6 |
| 5 | 8 | 2 | 3 | 1 | 6 | 4 | 7 | 9 |

## #203

| | | | | | | | | |
|---|---|---|---|---|---|---|---|---|
| 5 | 4 | 7 | 2 | 6 | 1 | 3 | 8 | 9 |
| 9 | 3 | 2 | 8 | 7 | 4 | 6 | 1 | 5 |
| 1 | 8 | 6 | 3 | 5 | 9 | 4 | 7 | 2 |
| 7 | 2 | 9 | 6 | 1 | 8 | 5 | 3 | 4 |
| 4 | 5 | 8 | 9 | 2 | 3 | 1 | 6 | 7 |
| 3 | 6 | 1 | 5 | 4 | 7 | 9 | 2 | 8 |
| 6 | 9 | 3 | 4 | 8 | 2 | 7 | 5 | 1 |
| 2 | 7 | 5 | 1 | 9 | 6 | 8 | 4 | 3 |
| 8 | 1 | 4 | 7 | 3 | 5 | 2 | 9 | 6 |

## #204

| | | | | | | | | |
|---|---|---|---|---|---|---|---|---|
| 7 | 1 | 6 | 3 | 8 | 9 | 5 | 4 | 2 |
| 8 | 4 | 3 | 5 | 6 | 2 | 9 | 1 | 7 |
| 5 | 2 | 9 | 7 | 1 | 4 | 3 | 8 | 6 |
| 1 | 6 | 7 | 8 | 2 | 3 | 4 | 9 | 5 |
| 3 | 8 | 5 | 4 | 9 | 7 | 2 | 6 | 1 |
| 4 | 9 | 2 | 1 | 5 | 6 | 8 | 7 | 3 |
| 6 | 3 | 8 | 9 | 7 | 5 | 1 | 2 | 4 |
| 2 | 5 | 1 | 6 | 4 | 8 | 7 | 3 | 9 |
| 9 | 7 | 4 | 2 | 3 | 1 | 6 | 5 | 8 |

## #205

| | | | | | | | | |
|---|---|---|---|---|---|---|---|---|
| 5 | 4 | 6 | 3 | 1 | 2 | 8 | 7 | 9 |
| 1 | 9 | 7 | 5 | 8 | 4 | 3 | 6 | 2 |
| 8 | 2 | 3 | 7 | 6 | 9 | 4 | 5 | 1 |
| 4 | 8 | 1 | 2 | 9 | 5 | 7 | 3 | 6 |
| 7 | 5 | 9 | 8 | 3 | 6 | 2 | 1 | 4 |
| 6 | 3 | 2 | 1 | 4 | 7 | 5 | 9 | 8 |
| 9 | 6 | 5 | 4 | 7 | 8 | 1 | 2 | 3 |
| 3 | 7 | 4 | 9 | 2 | 1 | 6 | 8 | 5 |
| 2 | 1 | 8 | 6 | 5 | 3 | 9 | 4 | 7 |

## #206

| | | | | | | | | |
|---|---|---|---|---|---|---|---|---|
| 2 | 8 | 7 | 4 | 3 | 9 | 5 | 6 | 1 |
| 9 | 5 | 3 | 1 | 6 | 2 | 4 | 8 | 7 |
| 6 | 1 | 4 | 5 | 8 | 7 | 2 | 3 | 9 |
| 7 | 2 | 8 | 6 | 4 | 1 | 9 | 5 | 3 |
| 5 | 9 | 1 | 2 | 7 | 3 | 8 | 4 | 6 |
| 3 | 4 | 6 | 8 | 9 | 5 | 1 | 7 | 2 |
| 8 | 7 | 2 | 9 | 5 | 6 | 3 | 1 | 4 |
| 4 | 6 | 9 | 3 | 1 | 8 | 7 | 2 | 5 |
| 1 | 3 | 5 | 7 | 2 | 4 | 6 | 9 | 8 |

## #207

| | | | | | | | | |
|---|---|---|---|---|---|---|---|---|
| 3 | 2 | 7 | 4 | 8 | 6 | 9 | 1 | 5 |
| 4 | 1 | 8 | 2 | 9 | 5 | 6 | 7 | 3 |
| 5 | 6 | 9 | 7 | 1 | 3 | 4 | 8 | 2 |
| 9 | 5 | 2 | 8 | 4 | 1 | 3 | 6 | 7 |
| 1 | 8 | 4 | 6 | 3 | 7 | 5 | 2 | 9 |
| 6 | 7 | 3 | 5 | 2 | 9 | 8 | 4 | 1 |
| 7 | 9 | 1 | 3 | 6 | 8 | 2 | 5 | 4 |
| 2 | 3 | 6 | 1 | 5 | 4 | 7 | 9 | 8 |
| 8 | 4 | 5 | 9 | 7 | 2 | 1 | 3 | 6 |

## #208

| | | | | | | | | |
|---|---|---|---|---|---|---|---|---|
| 9 | 3 | 1 | 5 | 6 | 8 | 7 | 2 | 4 |
| 2 | 7 | 6 | 1 | 4 | 3 | 5 | 8 | 9 |
| 5 | 8 | 4 | 7 | 9 | 2 | 6 | 3 | 1 |
| 1 | 9 | 5 | 6 | 2 | 7 | 3 | 4 | 8 |
| 4 | 2 | 7 | 3 | 8 | 9 | 1 | 5 | 6 |
| 8 | 6 | 3 | 4 | 5 | 1 | 9 | 7 | 2 |
| 7 | 1 | 8 | 9 | 3 | 4 | 2 | 6 | 5 |
| 3 | 5 | 2 | 8 | 1 | 6 | 4 | 9 | 7 |
| 6 | 4 | 9 | 2 | 7 | 5 | 8 | 1 | 3 |

## #209

| | | | | | | | | |
|---|---|---|---|---|---|---|---|---|
| 2 | 5 | 8 | 1 | 4 | 6 | 3 | 7 | 9 |
| 1 | 7 | 4 | 9 | 2 | 3 | 5 | 6 | 8 |
| 9 | 6 | 3 | 5 | 7 | 8 | 4 | 2 | 1 |
| 4 | 9 | 5 | 8 | 6 | 7 | 2 | 1 | 3 |
| 3 | 2 | 1 | 4 | 5 | 9 | 6 | 8 | 7 |
| 6 | 8 | 7 | 3 | 1 | 2 | 9 | 5 | 4 |
| 7 | 1 | 6 | 2 | 3 | 4 | 8 | 9 | 5 |
| 5 | 4 | 9 | 6 | 8 | 1 | 7 | 3 | 2 |
| 8 | 3 | 2 | 7 | 9 | 5 | 1 | 4 | 6 |

## #210

| | | | | | | | | |
|---|---|---|---|---|---|---|---|---|
| 8 | 7 | 3 | 4 | 1 | 5 | 9 | 6 | 2 |
| 9 | 5 | 1 | 3 | 6 | 2 | 4 | 7 | 8 |
| 4 | 2 | 6 | 9 | 8 | 7 | 3 | 1 | 5 |
| 5 | 6 | 8 | 2 | 4 | 3 | 1 | 9 | 7 |
| 1 | 4 | 7 | 6 | 5 | 9 | 2 | 8 | 3 |
| 3 | 9 | 2 | 1 | 7 | 8 | 5 | 4 | 6 |
| 6 | 8 | 4 | 5 | 3 | 1 | 7 | 2 | 9 |
| 2 | 1 | 5 | 7 | 9 | 6 | 8 | 3 | 4 |
| 7 | 3 | 9 | 8 | 2 | 4 | 6 | 5 | 1 |

## #211

| | | | | | | | | |
|---|---|---|---|---|---|---|---|---|
| 7 | 1 | 2 | 4 | 9 | 8 | 3 | 6 | 5 |
| 5 | 6 | 4 | 3 | 2 | 7 | 8 | 1 | 9 |
| 9 | 3 | 8 | 1 | 6 | 5 | 2 | 4 | 7 |
| 2 | 9 | 7 | 8 | 1 | 6 | 4 | 5 | 3 |
| 1 | 8 | 3 | 9 | 5 | 4 | 6 | 7 | 2 |
| 6 | 4 | 5 | 2 | 7 | 3 | 1 | 9 | 8 |
| 4 | 7 | 6 | 5 | 8 | 2 | 9 | 3 | 1 |
| 8 | 5 | 1 | 6 | 3 | 9 | 7 | 2 | 4 |
| 3 | 2 | 9 | 7 | 4 | 1 | 5 | 8 | 6 |

## #212

| | | | | | | | | |
|---|---|---|---|---|---|---|---|---|
| 7 | 4 | 3 | 2 | 8 | 9 | 5 | 1 | 6 |
| 8 | 1 | 6 | 5 | 3 | 7 | 9 | 2 | 4 |
| 9 | 2 | 5 | 6 | 1 | 4 | 3 | 8 | 7 |
| 4 | 9 | 1 | 7 | 2 | 3 | 8 | 6 | 5 |
| 5 | 8 | 2 | 1 | 9 | 6 | 4 | 7 | 3 |
| 6 | 3 | 7 | 4 | 5 | 8 | 1 | 9 | 2 |
| 2 | 5 | 8 | 3 | 7 | 1 | 6 | 4 | 9 |
| 3 | 6 | 9 | 8 | 4 | 2 | 7 | 5 | 1 |
| 1 | 7 | 4 | 9 | 6 | 5 | 2 | 3 | 8 |

## #213

| | | | | | | | | |
|---|---|---|---|---|---|---|---|---|
| 3 | 7 | 6 | 8 | 1 | 4 | 2 | 5 | 9 |
| 1 | 4 | 2 | 3 | 9 | 5 | 7 | 6 | 8 |
| 8 | 5 | 9 | 2 | 7 | 6 | 3 | 4 | 1 |
| 6 | 3 | 8 | 1 | 4 | 7 | 5 | 9 | 2 |
| 7 | 1 | 5 | 9 | 2 | 3 | 4 | 8 | 6 |
| 9 | 2 | 4 | 6 | 5 | 8 | 1 | 7 | 3 |
| 2 | 9 | 7 | 5 | 8 | 1 | 6 | 3 | 4 |
| 4 | 6 | 1 | 7 | 3 | 9 | 8 | 2 | 5 |
| 5 | 8 | 3 | 4 | 6 | 2 | 9 | 1 | 7 |

## #214

| | | | | | | | | |
|---|---|---|---|---|---|---|---|---|
| 4 | 1 | 9 | 5 | 2 | 3 | 6 | 8 | 7 |
| 5 | 6 | 2 | 8 | 1 | 7 | 9 | 4 | 3 |
| 8 | 7 | 3 | 6 | 4 | 9 | 2 | 1 | 5 |
| 7 | 8 | 6 | 2 | 9 | 1 | 5 | 3 | 4 |
| 2 | 9 | 1 | 3 | 5 | 4 | 7 | 6 | 8 |
| 3 | 4 | 5 | 7 | 6 | 8 | 1 | 9 | 2 |
| 1 | 5 | 4 | 9 | 3 | 2 | 8 | 7 | 6 |
| 9 | 2 | 7 | 4 | 8 | 6 | 3 | 5 | 1 |
| 6 | 3 | 8 | 1 | 7 | 5 | 4 | 2 | 9 |

## #215

| | | | | | | | | |
|---|---|---|---|---|---|---|---|---|
| 7 | 2 | 1 | 9 | 6 | 8 | 3 | 4 | 5 |
| 9 | 4 | 6 | 1 | 3 | 5 | 7 | 8 | 2 |
| 5 | 3 | 8 | 4 | 2 | 7 | 9 | 1 | 6 |
| 4 | 5 | 9 | 3 | 7 | 2 | 1 | 6 | 8 |
| 8 | 7 | 2 | 5 | 1 | 6 | 4 | 3 | 9 |
| 1 | 6 | 3 | 8 | 4 | 9 | 2 | 5 | 7 |
| 6 | 9 | 4 | 2 | 5 | 1 | 8 | 7 | 3 |
| 3 | 8 | 7 | 6 | 9 | 4 | 5 | 2 | 1 |
| 2 | 1 | 5 | 7 | 8 | 3 | 6 | 9 | 4 |

## #216

| | | | | | | | | |
|---|---|---|---|---|---|---|---|---|
| 8 | 6 | 3 | 7 | 5 | 4 | 2 | 1 | 9 |
| 4 | 2 | 1 | 6 | 9 | 3 | 7 | 8 | 5 |
| 7 | 9 | 5 | 1 | 8 | 2 | 6 | 4 | 3 |
| 6 | 4 | 9 | 8 | 7 | 1 | 5 | 3 | 2 |
| 1 | 5 | 7 | 3 | 2 | 9 | 4 | 6 | 8 |
| 2 | 3 | 8 | 5 | 4 | 6 | 9 | 7 | 1 |
| 5 | 7 | 4 | 2 | 1 | 8 | 3 | 9 | 6 |
| 9 | 1 | 6 | 4 | 3 | 5 | 8 | 2 | 7 |
| 3 | 8 | 2 | 9 | 6 | 7 | 1 | 5 | 4 |

## #217

| | | | | | | | | |
|---|---|---|---|---|---|---|---|---|
| 3 | 8 | 7 | 5 | 1 | 4 | 6 | 2 | 9 |
| 2 | 1 | 6 | 9 | 7 | 3 | 5 | 4 | 8 |
| 5 | 4 | 9 | 2 | 6 | 8 | 3 | 1 | 7 |
| 7 | 9 | 2 | 8 | 4 | 6 | 1 | 3 | 5 |
| 6 | 5 | 4 | 3 | 9 | 1 | 8 | 7 | 2 |
| 8 | 3 | 1 | 7 | 2 | 5 | 4 | 9 | 6 |
| 4 | 7 | 5 | 6 | 3 | 2 | 9 | 8 | 1 |
| 1 | 2 | 8 | 4 | 5 | 9 | 7 | 6 | 3 |
| 9 | 6 | 3 | 1 | 8 | 7 | 2 | 5 | 4 |

## #218

| | | | | | | | | |
|---|---|---|---|---|---|---|---|---|
| 8 | 9 | 3 | 6 | 7 | 1 | 2 | 5 | 4 |
| 6 | 2 | 7 | 3 | 5 | 4 | 9 | 1 | 8 |
| 4 | 1 | 5 | 2 | 9 | 8 | 3 | 7 | 6 |
| 1 | 8 | 2 | 7 | 4 | 5 | 6 | 9 | 3 |
| 7 | 6 | 9 | 8 | 1 | 3 | 5 | 4 | 2 |
| 3 | 5 | 4 | 9 | 2 | 6 | 1 | 8 | 7 |
| 5 | 7 | 1 | 4 | 6 | 2 | 8 | 3 | 9 |
| 9 | 3 | 6 | 1 | 8 | 7 | 4 | 2 | 5 |
| 2 | 4 | 8 | 5 | 3 | 9 | 7 | 6 | 1 |

## #219

| | | | | | | | | |
|---|---|---|---|---|---|---|---|---|
| 2 | 1 | 6 | 3 | 8 | 4 | 5 | 9 | 7 |
| 5 | 3 | 7 | 6 | 9 | 2 | 1 | 4 | 8 |
| 9 | 4 | 8 | 7 | 5 | 1 | 3 | 6 | 2 |
| 8 | 9 | 3 | 1 | 2 | 7 | 4 | 5 | 6 |
| 6 | 7 | 1 | 9 | 4 | 5 | 8 | 2 | 3 |
| 4 | 5 | 2 | 8 | 3 | 6 | 7 | 1 | 9 |
| 1 | 8 | 4 | 2 | 7 | 9 | 6 | 3 | 5 |
| 3 | 6 | 9 | 5 | 1 | 8 | 2 | 7 | 4 |
| 7 | 2 | 5 | 4 | 6 | 3 | 9 | 8 | 1 |

## #220

| | | | | | | | | |
|---|---|---|---|---|---|---|---|---|
| 9 | 4 | 8 | 2 | 7 | 5 | 3 | 1 | 6 |
| 5 | 2 | 3 | 6 | 1 | 9 | 4 | 8 | 7 |
| 6 | 7 | 1 | 4 | 8 | 3 | 9 | 5 | 2 |
| 2 | 1 | 5 | 7 | 4 | 8 | 6 | 9 | 3 |
| 3 | 9 | 7 | 5 | 2 | 6 | 8 | 4 | 1 |
| 8 | 6 | 4 | 3 | 9 | 1 | 2 | 7 | 5 |
| 1 | 5 | 6 | 9 | 3 | 4 | 7 | 2 | 8 |
| 7 | 8 | 9 | 1 | 6 | 2 | 5 | 3 | 4 |
| 4 | 3 | 2 | 8 | 5 | 7 | 1 | 6 | 9 |

## #221

| | | | | | | | | |
|---|---|---|---|---|---|---|---|---|
| 4 | 6 | 3 | 5 | 2 | 7 | 9 | 1 | 8 |
| 1 | 9 | 2 | 3 | 4 | 8 | 6 | 5 | 7 |
| 8 | 7 | 5 | 1 | 6 | 9 | 2 | 3 | 4 |
| 6 | 5 | 7 | 2 | 3 | 1 | 4 | 8 | 9 |
| 9 | 3 | 8 | 4 | 7 | 6 | 1 | 2 | 5 |
| 2 | 1 | 4 | 9 | 8 | 5 | 3 | 7 | 6 |
| 5 | 4 | 6 | 8 | 1 | 2 | 7 | 9 | 3 |
| 7 | 8 | 1 | 6 | 9 | 3 | 5 | 4 | 2 |
| 3 | 2 | 9 | 7 | 5 | 4 | 8 | 6 | 1 |

## #222

| | | | | | | | | |
|---|---|---|---|---|---|---|---|---|
| 5 | 7 | 1 | 4 | 9 | 6 | 3 | 2 | 8 |
| 6 | 3 | 2 | 1 | 5 | 8 | 9 | 7 | 4 |
| 8 | 4 | 9 | 7 | 3 | 2 | 1 | 6 | 5 |
| 1 | 8 | 4 | 6 | 7 | 3 | 5 | 9 | 2 |
| 3 | 5 | 7 | 8 | 2 | 9 | 4 | 1 | 6 |
| 2 | 9 | 6 | 5 | 4 | 1 | 8 | 3 | 7 |
| 7 | 2 | 8 | 3 | 1 | 4 | 6 | 5 | 9 |
| 9 | 6 | 3 | 2 | 8 | 5 | 7 | 4 | 1 |
| 4 | 1 | 5 | 9 | 6 | 7 | 2 | 8 | 3 |

## #223

| 2 | 1 | 3 | 5 | 6 | 4 | 9 | 8 | 7 |
|---|---|---|---|---|---|---|---|---|
| 9 | 7 | 6 | 3 | 1 | 8 | 5 | 2 | 4 |
| 4 | 5 | 8 | 9 | 2 | 7 | 6 | 3 | 1 |
| 8 | 3 | 9 | 6 | 5 | 1 | 4 | 7 | 2 |
| 7 | 2 | 5 | 8 | 4 | 3 | 1 | 6 | 9 |
| 6 | 4 | 1 | 7 | 9 | 2 | 3 | 5 | 8 |
| 1 | 6 | 2 | 4 | 8 | 5 | 7 | 9 | 3 |
| 3 | 9 | 4 | 2 | 7 | 6 | 8 | 1 | 5 |
| 5 | 8 | 7 | 1 | 3 | 9 | 2 | 4 | 6 |

## #226

| 6 | 7 | 9 | 4 | 3 | 8 | 2 | 1 | 5 |
|---|---|---|---|---|---|---|---|---|
| 3 | 4 | 2 | 1 | 6 | 5 | 9 | 7 | 8 |
| 5 | 8 | 1 | 2 | 7 | 9 | 3 | 6 | 4 |
| 8 | 6 | 5 | 7 | 1 | 2 | 4 | 9 | 3 |
| 2 | 9 | 4 | 6 | 5 | 3 | 7 | 8 | 1 |
| 7 | 1 | 3 | 9 | 8 | 4 | 5 | 2 | 6 |
| 9 | 2 | 8 | 5 | 4 | 6 | 1 | 3 | 7 |
| 1 | 5 | 6 | 3 | 2 | 7 | 8 | 4 | 9 |
| 4 | 3 | 7 | 8 | 9 | 1 | 6 | 5 | 2 |

## #224

| 6 | 3 | 1 | 7 | 2 | 4 | 8 | 5 | 9 |
|---|---|---|---|---|---|---|---|---|
| 2 | 7 | 5 | 9 | 6 | 8 | 3 | 4 | 1 |
| 4 | 8 | 9 | 3 | 1 | 5 | 2 | 6 | 7 |
| 7 | 9 | 3 | 2 | 8 | 6 | 5 | 1 | 4 |
| 8 | 6 | 4 | 1 | 5 | 7 | 9 | 3 | 2 |
| 1 | 5 | 2 | 4 | 3 | 9 | 7 | 8 | 6 |
| 5 | 1 | 6 | 8 | 7 | 2 | 4 | 9 | 3 |
| 3 | 4 | 7 | 5 | 9 | 1 | 6 | 2 | 8 |
| 9 | 2 | 8 | 6 | 4 | 3 | 1 | 7 | 5 |

## #227

| 3 | 5 | 1 | 8 | 7 | 9 | 2 | 6 | 4 |
|---|---|---|---|---|---|---|---|---|
| 2 | 6 | 8 | 3 | 1 | 4 | 7 | 5 | 9 |
| 9 | 4 | 7 | 5 | 2 | 6 | 8 | 3 | 1 |
| 5 | 1 | 3 | 4 | 6 | 7 | 9 | 2 | 8 |
| 6 | 2 | 9 | 1 | 3 | 8 | 5 | 4 | 7 |
| 7 | 8 | 4 | 2 | 9 | 5 | 6 | 1 | 3 |
| 8 | 7 | 2 | 6 | 4 | 1 | 3 | 9 | 5 |
| 1 | 3 | 5 | 9 | 8 | 2 | 4 | 7 | 6 |
| 4 | 9 | 6 | 7 | 5 | 3 | 1 | 8 | 2 |

## #225

| 8 | 2 | 1 | 9 | 4 | 5 | 6 | 7 | 3 |
|---|---|---|---|---|---|---|---|---|
| 3 | 6 | 5 | 8 | 2 | 7 | 4 | 1 | 9 |
| 7 | 4 | 9 | 3 | 6 | 1 | 2 | 5 | 8 |
| 6 | 9 | 7 | 4 | 1 | 2 | 8 | 3 | 5 |
| 1 | 5 | 4 | 7 | 3 | 8 | 9 | 6 | 2 |
| 2 | 3 | 8 | 5 | 9 | 6 | 7 | 4 | 1 |
| 5 | 7 | 6 | 1 | 8 | 9 | 3 | 2 | 4 |
| 4 | 8 | 2 | 6 | 5 | 3 | 1 | 9 | 7 |
| 9 | 1 | 3 | 2 | 7 | 4 | 5 | 8 | 6 |

## #228

| 8 | 6 | 7 | 2 | 4 | 3 | 1 | 9 | 5 |
|---|---|---|---|---|---|---|---|---|
| 4 | 3 | 1 | 5 | 7 | 9 | 2 | 8 | 6 |
| 5 | 9 | 2 | 1 | 8 | 6 | 4 | 3 | 7 |
| 7 | 5 | 6 | 4 | 3 | 2 | 9 | 1 | 8 |
| 2 | 4 | 8 | 7 | 9 | 1 | 6 | 5 | 3 |
| 9 | 1 | 3 | 8 | 6 | 5 | 7 | 4 | 2 |
| 3 | 2 | 4 | 9 | 5 | 7 | 8 | 6 | 1 |
| 6 | 7 | 9 | 3 | 1 | 8 | 5 | 2 | 4 |
| 1 | 8 | 5 | 6 | 2 | 4 | 3 | 7 | 9 |

## #229

| | | | | | | | | |
|---|---|---|---|---|---|---|---|---|
| 1 | 6 | 7 | 4 | 3 | 9 | 5 | 8 | 2 |
| 2 | 3 | 4 | 6 | 5 | 8 | 1 | 7 | 9 |
| 8 | 5 | 9 | 1 | 7 | 2 | 4 | 3 | 6 |
| 9 | 4 | 3 | 8 | 1 | 5 | 6 | 2 | 7 |
| 6 | 2 | 1 | 9 | 4 | 7 | 3 | 5 | 8 |
| 7 | 8 | 5 | 2 | 6 | 3 | 9 | 4 | 1 |
| 4 | 9 | 8 | 5 | 2 | 6 | 7 | 1 | 3 |
| 3 | 1 | 2 | 7 | 9 | 4 | 8 | 6 | 5 |
| 5 | 7 | 6 | 3 | 8 | 1 | 2 | 9 | 4 |

## #230

| | | | | | | | | |
|---|---|---|---|---|---|---|---|---|
| 7 | 8 | 1 | 4 | 6 | 2 | 3 | 9 | 5 |
| 2 | 5 | 4 | 9 | 7 | 3 | 1 | 8 | 6 |
| 9 | 3 | 6 | 1 | 8 | 5 | 4 | 7 | 2 |
| 8 | 2 | 7 | 5 | 1 | 4 | 9 | 6 | 3 |
| 6 | 4 | 3 | 7 | 2 | 9 | 5 | 1 | 8 |
| 1 | 9 | 5 | 8 | 3 | 6 | 2 | 4 | 7 |
| 3 | 6 | 9 | 2 | 4 | 8 | 7 | 5 | 1 |
| 4 | 1 | 2 | 6 | 5 | 7 | 8 | 3 | 9 |
| 5 | 7 | 8 | 3 | 9 | 1 | 6 | 2 | 4 |

## #231

| | | | | | | | | |
|---|---|---|---|---|---|---|---|---|
| 2 | 5 | 8 | 1 | 3 | 9 | 7 | 6 | 4 |
| 7 | 4 | 1 | 2 | 6 | 5 | 3 | 8 | 9 |
| 9 | 6 | 3 | 4 | 8 | 7 | 5 | 2 | 1 |
| 6 | 9 | 5 | 7 | 1 | 3 | 8 | 4 | 2 |
| 1 | 2 | 4 | 9 | 5 | 8 | 6 | 3 | 7 |
| 3 | 8 | 7 | 6 | 4 | 2 | 9 | 1 | 5 |
| 5 | 7 | 6 | 8 | 2 | 4 | 1 | 9 | 3 |
| 8 | 3 | 2 | 5 | 9 | 1 | 4 | 7 | 6 |
| 4 | 1 | 9 | 3 | 7 | 6 | 2 | 5 | 8 |

## #232

| | | | | | | | | |
|---|---|---|---|---|---|---|---|---|
| 4 | 8 | 5 | 1 | 7 | 9 | 2 | 3 | 6 |
| 2 | 9 | 3 | 4 | 8 | 6 | 7 | 5 | 1 |
| 6 | 7 | 1 | 2 | 5 | 3 | 9 | 8 | 4 |
| 9 | 4 | 7 | 6 | 3 | 1 | 5 | 2 | 8 |
| 3 | 1 | 2 | 5 | 9 | 8 | 4 | 6 | 7 |
| 8 | 5 | 6 | 7 | 2 | 4 | 3 | 1 | 9 |
| 1 | 3 | 8 | 9 | 4 | 2 | 6 | 7 | 5 |
| 7 | 2 | 9 | 8 | 6 | 5 | 1 | 4 | 3 |
| 5 | 6 | 4 | 3 | 1 | 7 | 8 | 9 | 2 |

## #233

| | | | | | | | | |
|---|---|---|---|---|---|---|---|---|
| 3 | 6 | 8 | 7 | 5 | 1 | 4 | 9 | 2 |
| 9 | 7 | 5 | 4 | 8 | 2 | 1 | 3 | 6 |
| 2 | 1 | 4 | 3 | 6 | 9 | 7 | 5 | 8 |
| 6 | 8 | 9 | 2 | 1 | 5 | 3 | 7 | 4 |
| 7 | 5 | 1 | 6 | 3 | 4 | 2 | 8 | 9 |
| 4 | 2 | 3 | 8 | 9 | 7 | 5 | 6 | 1 |
| 1 | 4 | 6 | 9 | 7 | 3 | 8 | 2 | 5 |
| 5 | 9 | 7 | 1 | 2 | 8 | 6 | 4 | 3 |
| 8 | 3 | 2 | 5 | 4 | 6 | 9 | 1 | 7 |

## #234

| | | | | | | | | |
|---|---|---|---|---|---|---|---|---|
| 3 | 8 | 2 | 4 | 5 | 1 | 6 | 9 | 7 |
| 9 | 4 | 7 | 6 | 2 | 8 | 1 | 5 | 3 |
| 5 | 1 | 6 | 7 | 9 | 3 | 2 | 4 | 8 |
| 6 | 9 | 4 | 8 | 3 | 7 | 5 | 1 | 2 |
| 8 | 3 | 5 | 9 | 1 | 2 | 7 | 6 | 4 |
| 2 | 7 | 1 | 5 | 6 | 4 | 3 | 8 | 9 |
| 4 | 2 | 3 | 1 | 8 | 5 | 9 | 7 | 6 |
| 7 | 5 | 9 | 3 | 4 | 6 | 8 | 2 | 1 |
| 1 | 6 | 8 | 2 | 7 | 9 | 4 | 3 | 5 |

## #235

| | | | | | | | | |
|---|---|---|---|---|---|---|---|---|
| 2 | 5 | 9 | 4 | 1 | 7 | 6 | 3 | 8 |
| 6 | 3 | 8 | 9 | 5 | 2 | 7 | 1 | 4 |
| 1 | 4 | 7 | 6 | 8 | 3 | 9 | 5 | 2 |
| 4 | 7 | 1 | 2 | 3 | 6 | 8 | 9 | 5 |
| 9 | 6 | 5 | 1 | 7 | 8 | 4 | 2 | 3 |
| 3 | 8 | 2 | 5 | 9 | 4 | 1 | 7 | 6 |
| 5 | 9 | 3 | 8 | 4 | 1 | 2 | 6 | 7 |
| 8 | 1 | 6 | 7 | 2 | 5 | 3 | 4 | 9 |
| 7 | 2 | 4 | 3 | 6 | 9 | 5 | 8 | 1 |

## #236

| | | | | | | | | |
|---|---|---|---|---|---|---|---|---|
| 6 | 3 | 8 | 4 | 5 | 2 | 9 | 7 | 1 |
| 1 | 7 | 4 | 8 | 9 | 3 | 2 | 5 | 6 |
| 9 | 5 | 2 | 7 | 6 | 1 | 4 | 3 | 8 |
| 5 | 8 | 9 | 1 | 7 | 6 | 3 | 4 | 2 |
| 3 | 4 | 6 | 5 | 2 | 8 | 7 | 1 | 9 |
| 7 | 2 | 1 | 3 | 4 | 9 | 6 | 8 | 5 |
| 8 | 9 | 5 | 2 | 3 | 7 | 1 | 6 | 4 |
| 4 | 6 | 7 | 9 | 1 | 5 | 8 | 2 | 3 |
| 2 | 1 | 3 | 6 | 8 | 4 | 5 | 9 | 7 |

## #237

| | | | | | | | | |
|---|---|---|---|---|---|---|---|---|
| 7 | 3 | 6 | 1 | 5 | 4 | 9 | 8 | 2 |
| 1 | 8 | 5 | 9 | 3 | 2 | 6 | 4 | 7 |
| 4 | 2 | 9 | 7 | 8 | 6 | 1 | 5 | 3 |
| 3 | 4 | 7 | 2 | 6 | 8 | 5 | 1 | 9 |
| 8 | 6 | 1 | 5 | 9 | 7 | 2 | 3 | 4 |
| 5 | 9 | 2 | 4 | 1 | 3 | 8 | 7 | 6 |
| 2 | 7 | 8 | 6 | 4 | 5 | 3 | 9 | 1 |
| 6 | 1 | 3 | 8 | 7 | 9 | 4 | 2 | 5 |
| 9 | 5 | 4 | 3 | 2 | 1 | 7 | 6 | 8 |

## #238

| | | | | | | | | |
|---|---|---|---|---|---|---|---|---|
| 4 | 7 | 9 | 8 | 6 | 2 | 1 | 5 | 3 |
| 2 | 5 | 1 | 3 | 9 | 4 | 7 | 6 | 8 |
| 8 | 3 | 6 | 1 | 5 | 7 | 9 | 4 | 2 |
| 3 | 1 | 5 | 6 | 7 | 8 | 2 | 9 | 4 |
| 7 | 2 | 4 | 9 | 1 | 5 | 3 | 8 | 6 |
| 6 | 9 | 8 | 2 | 4 | 3 | 5 | 1 | 7 |
| 1 | 6 | 3 | 4 | 2 | 9 | 8 | 7 | 5 |
| 5 | 4 | 2 | 7 | 8 | 1 | 6 | 3 | 9 |
| 9 | 8 | 7 | 5 | 3 | 6 | 4 | 2 | 1 |

## #239

| | | | | | | | | |
|---|---|---|---|---|---|---|---|---|
| 7 | 2 | 9 | 3 | 5 | 4 | 1 | 6 | 8 |
| 1 | 6 | 4 | 8 | 7 | 2 | 9 | 5 | 3 |
| 8 | 3 | 5 | 6 | 1 | 9 | 7 | 4 | 2 |
| 2 | 4 | 8 | 7 | 6 | 1 | 3 | 9 | 5 |
| 6 | 9 | 7 | 2 | 3 | 5 | 8 | 1 | 4 |
| 5 | 1 | 3 | 9 | 4 | 8 | 2 | 7 | 6 |
| 4 | 7 | 1 | 5 | 8 | 3 | 6 | 2 | 9 |
| 9 | 8 | 6 | 4 | 2 | 7 | 5 | 3 | 1 |
| 3 | 5 | 2 | 1 | 9 | 6 | 4 | 8 | 7 |

## #240

| | | | | | | | | |
|---|---|---|---|---|---|---|---|---|
| 6 | 8 | 2 | 7 | 5 | 4 | 9 | 1 | 3 |
| 9 | 3 | 1 | 2 | 6 | 8 | 4 | 7 | 5 |
| 7 | 5 | 4 | 3 | 1 | 9 | 6 | 2 | 8 |
| 3 | 6 | 5 | 8 | 7 | 2 | 1 | 4 | 9 |
| 4 | 7 | 9 | 6 | 3 | 1 | 5 | 8 | 2 |
| 1 | 2 | 8 | 9 | 4 | 5 | 7 | 3 | 6 |
| 2 | 4 | 3 | 5 | 9 | 7 | 8 | 6 | 1 |
| 5 | 1 | 6 | 4 | 8 | 3 | 2 | 9 | 7 |
| 8 | 9 | 7 | 1 | 2 | 6 | 3 | 5 | 4 |

## #241

| | | | | | | | | |
|---|---|---|---|---|---|---|---|---|
| 1 | 6 | 5 | 3 | 2 | 4 | 8 | 9 | 7 |
| 8 | 4 | 2 | 9 | 7 | 6 | 5 | 1 | 3 |
| 7 | 3 | 9 | 8 | 5 | 1 | 4 | 6 | 2 |
| 5 | 7 | 3 | 4 | 9 | 8 | 6 | 2 | 1 |
| 6 | 1 | 4 | 7 | 3 | 2 | 9 | 8 | 5 |
| 2 | 9 | 8 | 1 | 6 | 5 | 3 | 7 | 4 |
| 9 | 5 | 1 | 6 | 4 | 7 | 2 | 3 | 8 |
| 3 | 2 | 7 | 5 | 8 | 9 | 1 | 4 | 6 |
| 4 | 8 | 6 | 2 | 1 | 3 | 7 | 5 | 9 |

## #242

| | | | | | | | | |
|---|---|---|---|---|---|---|---|---|
| 7 | 6 | 9 | 8 | 2 | 1 | 5 | 3 | 4 |
| 2 | 5 | 8 | 7 | 3 | 4 | 6 | 9 | 1 |
| 3 | 4 | 1 | 6 | 5 | 9 | 2 | 7 | 8 |
| 5 | 7 | 2 | 4 | 9 | 8 | 1 | 6 | 3 |
| 9 | 3 | 6 | 2 | 1 | 5 | 8 | 4 | 7 |
| 1 | 8 | 4 | 3 | 7 | 6 | 9 | 5 | 2 |
| 8 | 9 | 7 | 1 | 6 | 3 | 4 | 2 | 5 |
| 4 | 2 | 5 | 9 | 8 | 7 | 3 | 1 | 6 |
| 6 | 1 | 3 | 5 | 4 | 2 | 7 | 8 | 9 |

## #243

| | | | | | | | | |
|---|---|---|---|---|---|---|---|---|
| 3 | 9 | 1 | 7 | 4 | 2 | 5 | 8 | 6 |
| 5 | 8 | 2 | 1 | 3 | 6 | 9 | 4 | 7 |
| 7 | 6 | 4 | 8 | 5 | 9 | 1 | 2 | 3 |
| 9 | 7 | 8 | 2 | 1 | 4 | 6 | 3 | 5 |
| 1 | 3 | 6 | 9 | 8 | 5 | 4 | 7 | 2 |
| 2 | 4 | 5 | 6 | 7 | 3 | 8 | 1 | 9 |
| 4 | 1 | 3 | 5 | 9 | 7 | 2 | 6 | 8 |
| 8 | 2 | 9 | 3 | 6 | 1 | 7 | 5 | 4 |
| 6 | 5 | 7 | 4 | 2 | 8 | 3 | 9 | 1 |

## #244

| | | | | | | | | |
|---|---|---|---|---|---|---|---|---|
| 6 | 1 | 3 | 7 | 5 | 2 | 8 | 9 | 4 |
| 5 | 7 | 2 | 4 | 8 | 9 | 1 | 6 | 3 |
| 4 | 9 | 8 | 1 | 3 | 6 | 7 | 2 | 5 |
| 2 | 6 | 4 | 5 | 1 | 8 | 3 | 7 | 9 |
| 3 | 5 | 7 | 6 | 9 | 4 | 2 | 1 | 8 |
| 9 | 8 | 1 | 2 | 7 | 3 | 5 | 4 | 6 |
| 8 | 3 | 6 | 9 | 2 | 7 | 4 | 5 | 1 |
| 1 | 2 | 9 | 8 | 4 | 5 | 6 | 3 | 7 |
| 7 | 4 | 5 | 3 | 6 | 1 | 9 | 8 | 2 |

## #245

| | | | | | | | | |
|---|---|---|---|---|---|---|---|---|
| 2 | 8 | 7 | 9 | 1 | 5 | 3 | 6 | 4 |
| 5 | 1 | 9 | 6 | 4 | 3 | 2 | 8 | 7 |
| 3 | 6 | 4 | 7 | 8 | 2 | 1 | 9 | 5 |
| 7 | 2 | 5 | 3 | 6 | 9 | 4 | 1 | 8 |
| 1 | 4 | 3 | 2 | 7 | 8 | 9 | 5 | 6 |
| 6 | 9 | 8 | 4 | 5 | 1 | 7 | 3 | 2 |
| 4 | 3 | 6 | 8 | 9 | 7 | 5 | 2 | 1 |
| 9 | 7 | 1 | 5 | 2 | 6 | 8 | 4 | 3 |
| 8 | 5 | 2 | 1 | 3 | 4 | 6 | 7 | 9 |

## #246

| | | | | | | | | |
|---|---|---|---|---|---|---|---|---|
| 8 | 9 | 5 | 1 | 2 | 6 | 7 | 4 | 3 |
| 1 | 4 | 2 | 7 | 9 | 3 | 8 | 5 | 6 |
| 3 | 7 | 6 | 5 | 4 | 8 | 1 | 9 | 2 |
| 2 | 8 | 9 | 4 | 7 | 5 | 6 | 3 | 1 |
| 7 | 6 | 4 | 9 | 3 | 1 | 2 | 8 | 5 |
| 5 | 1 | 3 | 8 | 6 | 2 | 4 | 7 | 9 |
| 4 | 2 | 1 | 3 | 5 | 7 | 9 | 6 | 8 |
| 9 | 3 | 8 | 6 | 1 | 4 | 5 | 2 | 7 |
| 6 | 5 | 7 | 2 | 8 | 9 | 3 | 1 | 4 |

## #247

| | | | | | | | | |
|---|---|---|---|---|---|---|---|---|
| 9 | 4 | 8 | 6 | 7 | 2 | 5 | 1 | 3 |
| 3 | 2 | 6 | 1 | 4 | 5 | 8 | 7 | 9 |
| 1 | 7 | 5 | 9 | 8 | 3 | 2 | 4 | 6 |
| 2 | 9 | 1 | 8 | 6 | 4 | 7 | 3 | 5 |
| 5 | 8 | 7 | 3 | 1 | 9 | 4 | 6 | 2 |
| 6 | 3 | 4 | 2 | 5 | 7 | 1 | 9 | 8 |
| 7 | 1 | 9 | 5 | 3 | 8 | 6 | 2 | 4 |
| 4 | 5 | 3 | 7 | 2 | 6 | 9 | 8 | 1 |
| 8 | 6 | 2 | 4 | 9 | 1 | 3 | 5 | 7 |

## #248

| | | | | | | | | |
|---|---|---|---|---|---|---|---|---|
| 9 | 5 | 2 | 1 | 6 | 7 | 4 | 8 | 3 |
| 8 | 4 | 1 | 3 | 2 | 9 | 5 | 7 | 6 |
| 3 | 7 | 6 | 4 | 5 | 8 | 2 | 9 | 1 |
| 6 | 3 | 9 | 8 | 7 | 2 | 1 | 5 | 4 |
| 2 | 8 | 4 | 6 | 1 | 5 | 9 | 3 | 7 |
| 5 | 1 | 7 | 9 | 4 | 3 | 8 | 6 | 2 |
| 7 | 9 | 8 | 2 | 3 | 4 | 6 | 1 | 5 |
| 4 | 6 | 3 | 5 | 8 | 1 | 7 | 2 | 9 |
| 1 | 2 | 5 | 7 | 9 | 6 | 3 | 4 | 8 |

## #249

| | | | | | | | | |
|---|---|---|---|---|---|---|---|---|
| 4 | 8 | 9 | 6 | 1 | 7 | 3 | 2 | 5 |
| 6 | 2 | 3 | 4 | 9 | 5 | 1 | 8 | 7 |
| 1 | 7 | 5 | 3 | 2 | 8 | 6 | 4 | 9 |
| 9 | 3 | 8 | 5 | 6 | 1 | 4 | 7 | 2 |
| 7 | 5 | 6 | 9 | 4 | 2 | 8 | 3 | 1 |
| 2 | 4 | 1 | 8 | 7 | 3 | 9 | 5 | 6 |
| 3 | 1 | 2 | 7 | 8 | 6 | 5 | 9 | 4 |
| 5 | 9 | 7 | 1 | 3 | 4 | 2 | 6 | 8 |
| 8 | 6 | 4 | 2 | 5 | 9 | 7 | 1 | 3 |

## #250

| | | | | | | | | |
|---|---|---|---|---|---|---|---|---|
| 5 | 1 | 8 | 4 | 9 | 6 | 7 | 3 | 2 |
| 4 | 2 | 6 | 7 | 5 | 3 | 9 | 1 | 8 |
| 9 | 7 | 3 | 8 | 1 | 2 | 4 | 6 | 5 |
| 8 | 5 | 7 | 6 | 4 | 9 | 1 | 2 | 3 |
| 2 | 6 | 4 | 1 | 3 | 5 | 8 | 9 | 7 |
| 3 | 9 | 1 | 2 | 8 | 7 | 5 | 4 | 6 |
| 1 | 8 | 5 | 3 | 2 | 4 | 6 | 7 | 9 |
| 7 | 4 | 2 | 9 | 6 | 8 | 3 | 5 | 1 |
| 6 | 3 | 9 | 5 | 7 | 1 | 2 | 8 | 4 |

## #251

| | | | | | | | | |
|---|---|---|---|---|---|---|---|---|
| 9 | 7 | 1 | 4 | 8 | 6 | 2 | 5 | 3 |
| 3 | 4 | 2 | 1 | 7 | 5 | 9 | 8 | 6 |
| 6 | 5 | 8 | 9 | 3 | 2 | 7 | 4 | 1 |
| 1 | 8 | 6 | 3 | 5 | 9 | 4 | 2 | 7 |
| 4 | 2 | 7 | 8 | 6 | 1 | 5 | 3 | 9 |
| 5 | 3 | 9 | 2 | 4 | 7 | 1 | 6 | 8 |
| 8 | 1 | 5 | 6 | 9 | 4 | 3 | 7 | 2 |
| 2 | 6 | 4 | 7 | 1 | 3 | 8 | 9 | 5 |
| 7 | 9 | 3 | 5 | 2 | 8 | 6 | 1 | 4 |

## #252

| | | | | | | | | |
|---|---|---|---|---|---|---|---|---|
| 2 | 8 | 7 | 9 | 1 | 5 | 4 | 6 | 3 |
| 1 | 3 | 6 | 4 | 8 | 7 | 9 | 2 | 5 |
| 9 | 5 | 4 | 2 | 3 | 6 | 1 | 7 | 8 |
| 6 | 1 | 2 | 7 | 9 | 8 | 3 | 5 | 4 |
| 7 | 9 | 8 | 3 | 5 | 4 | 2 | 1 | 6 |
| 5 | 4 | 3 | 6 | 2 | 1 | 8 | 9 | 7 |
| 4 | 2 | 9 | 5 | 7 | 3 | 6 | 8 | 1 |
| 3 | 7 | 1 | 8 | 6 | 2 | 5 | 4 | 9 |
| 8 | 6 | 5 | 1 | 4 | 9 | 7 | 3 | 2 |

## #253

| 2 | 8 | 3 | 9 | 6 | 5 | 4 | 1 | 7 |
|---|---|---|---|---|---|---|---|---|
| 5 | 4 | 1 | 2 | 8 | 7 | 6 | 3 | 9 |
| 9 | 7 | 6 | 3 | 1 | 4 | 8 | 5 | 2 |
| 8 | 5 | 2 | 7 | 3 | 6 | 9 | 4 | 1 |
| 6 | 3 | 7 | 1 | 4 | 9 | 2 | 8 | 5 |
| 1 | 9 | 4 | 8 | 5 | 2 | 7 | 6 | 3 |
| 4 | 2 | 5 | 6 | 9 | 1 | 3 | 7 | 8 |
| 3 | 6 | 9 | 5 | 7 | 8 | 1 | 2 | 4 |
| 7 | 1 | 8 | 4 | 2 | 3 | 5 | 9 | 6 |

## #256

| 7 | 9 | 4 | 5 | 8 | 6 | 2 | 1 | 3 |
|---|---|---|---|---|---|---|---|---|
| 8 | 6 | 1 | 7 | 3 | 2 | 9 | 4 | 5 |
| 5 | 2 | 3 | 4 | 1 | 9 | 8 | 6 | 7 |
| 3 | 7 | 2 | 1 | 9 | 4 | 5 | 8 | 6 |
| 1 | 8 | 6 | 3 | 2 | 5 | 4 | 7 | 9 |
| 9 | 4 | 5 | 8 | 6 | 7 | 3 | 2 | 1 |
| 2 | 1 | 8 | 6 | 5 | 3 | 7 | 9 | 4 |
| 6 | 5 | 7 | 9 | 4 | 8 | 1 | 3 | 2 |
| 4 | 3 | 9 | 2 | 7 | 1 | 6 | 5 | 8 |

## #254

| 6 | 2 | 7 | 8 | 4 | 3 | 5 | 1 | 9 |
|---|---|---|---|---|---|---|---|---|
| 1 | 4 | 8 | 9 | 7 | 5 | 6 | 2 | 3 |
| 3 | 5 | 9 | 1 | 6 | 2 | 8 | 7 | 4 |
| 4 | 9 | 2 | 7 | 1 | 8 | 3 | 6 | 5 |
| 8 | 1 | 3 | 5 | 2 | 6 | 9 | 4 | 7 |
| 7 | 6 | 5 | 4 | 3 | 9 | 1 | 8 | 2 |
| 2 | 8 | 1 | 3 | 9 | 7 | 4 | 5 | 6 |
| 9 | 7 | 4 | 6 | 5 | 1 | 2 | 3 | 8 |
| 5 | 3 | 6 | 2 | 8 | 4 | 7 | 9 | 1 |

## #257

| 2 | 4 | 8 | 5 | 1 | 6 | 3 | 9 | 7 |
|---|---|---|---|---|---|---|---|---|
| 5 | 1 | 7 | 3 | 9 | 2 | 4 | 6 | 8 |
| 6 | 9 | 3 | 8 | 4 | 7 | 1 | 5 | 2 |
| 9 | 8 | 6 | 1 | 5 | 3 | 7 | 2 | 4 |
| 4 | 7 | 2 | 6 | 8 | 9 | 5 | 3 | 1 |
| 3 | 5 | 1 | 7 | 2 | 4 | 6 | 8 | 9 |
| 1 | 6 | 9 | 4 | 3 | 8 | 2 | 7 | 5 |
| 7 | 2 | 5 | 9 | 6 | 1 | 8 | 4 | 3 |
| 8 | 3 | 4 | 2 | 7 | 5 | 9 | 1 | 6 |

## #255

| 3 | 8 | 1 | 9 | 4 | 5 | 6 | 7 | 2 |
|---|---|---|---|---|---|---|---|---|
| 9 | 5 | 6 | 1 | 7 | 2 | 3 | 8 | 4 |
| 2 | 4 | 7 | 6 | 8 | 3 | 1 | 5 | 9 |
| 1 | 3 | 8 | 4 | 2 | 7 | 5 | 9 | 6 |
| 4 | 7 | 9 | 8 | 5 | 6 | 2 | 3 | 1 |
| 6 | 2 | 5 | 3 | 1 | 9 | 7 | 4 | 8 |
| 7 | 6 | 3 | 2 | 9 | 4 | 8 | 1 | 5 |
| 8 | 9 | 2 | 5 | 3 | 1 | 4 | 6 | 7 |
| 5 | 1 | 4 | 7 | 6 | 8 | 9 | 2 | 3 |

## #258

| 6 | 1 | 9 | 7 | 3 | 8 | 4 | 2 | 5 |
|---|---|---|---|---|---|---|---|---|
| 7 | 8 | 2 | 4 | 1 | 5 | 9 | 6 | 3 |
| 4 | 3 | 5 | 6 | 9 | 2 | 7 | 8 | 1 |
| 8 | 4 | 3 | 2 | 6 | 7 | 5 | 1 | 9 |
| 9 | 5 | 1 | 8 | 4 | 3 | 2 | 7 | 6 |
| 2 | 7 | 6 | 1 | 5 | 9 | 8 | 3 | 4 |
| 3 | 9 | 7 | 5 | 8 | 1 | 6 | 4 | 2 |
| 1 | 2 | 4 | 9 | 7 | 6 | 3 | 5 | 8 |
| 5 | 6 | 8 | 3 | 2 | 4 | 1 | 9 | 7 |

## #259

| | | | | | | | | |
|---|---|---|---|---|---|---|---|---|
| 5 | 1 | 9 | 4 | 6 | 3 | 2 | 8 | 7 |
| 4 | 8 | 6 | 2 | 7 | 9 | 5 | 3 | 1 |
| 2 | 3 | 7 | 8 | 1 | 5 | 6 | 4 | 9 |
| 7 | 6 | 2 | 3 | 9 | 8 | 4 | 1 | 5 |
| 8 | 5 | 3 | 7 | 4 | 1 | 9 | 6 | 2 |
| 9 | 4 | 1 | 5 | 2 | 6 | 8 | 7 | 3 |
| 3 | 2 | 5 | 1 | 8 | 4 | 7 | 9 | 6 |
| 6 | 7 | 8 | 9 | 3 | 2 | 1 | 5 | 4 |
| 1 | 9 | 4 | 6 | 5 | 7 | 3 | 2 | 8 |

## #260

| | | | | | | | | |
|---|---|---|---|---|---|---|---|---|
| 1 | 5 | 7 | 6 | 3 | 8 | 9 | 2 | 4 |
| 8 | 2 | 6 | 4 | 5 | 9 | 7 | 3 | 1 |
| 3 | 9 | 4 | 2 | 7 | 1 | 8 | 6 | 5 |
| 6 | 7 | 5 | 8 | 9 | 3 | 1 | 4 | 2 |
| 2 | 1 | 8 | 5 | 4 | 6 | 3 | 9 | 7 |
| 4 | 3 | 9 | 7 | 1 | 2 | 6 | 5 | 8 |
| 5 | 8 | 2 | 9 | 6 | 7 | 4 | 1 | 3 |
| 9 | 4 | 1 | 3 | 8 | 5 | 2 | 7 | 6 |
| 7 | 6 | 3 | 1 | 2 | 4 | 5 | 8 | 9 |

## #261

| | | | | | | | | |
|---|---|---|---|---|---|---|---|---|
| 8 | 2 | 7 | 9 | 3 | 4 | 1 | 6 | 5 |
| 1 | 5 | 6 | 7 | 2 | 8 | 4 | 9 | 3 |
| 4 | 9 | 3 | 5 | 6 | 1 | 7 | 2 | 8 |
| 6 | 8 | 1 | 2 | 4 | 7 | 3 | 5 | 9 |
| 7 | 3 | 9 | 8 | 1 | 5 | 2 | 4 | 6 |
| 2 | 4 | 5 | 3 | 9 | 6 | 8 | 1 | 7 |
| 3 | 6 | 4 | 1 | 7 | 9 | 5 | 8 | 2 |
| 9 | 7 | 8 | 4 | 5 | 2 | 6 | 3 | 1 |
| 5 | 1 | 2 | 6 | 8 | 3 | 9 | 7 | 4 |

## #262

| | | | | | | | | |
|---|---|---|---|---|---|---|---|---|
| 5 | 8 | 9 | 1 | 2 | 3 | 4 | 6 | 7 |
| 4 | 3 | 2 | 6 | 5 | 7 | 8 | 9 | 1 |
| 6 | 7 | 1 | 4 | 8 | 9 | 3 | 2 | 5 |
| 9 | 1 | 7 | 2 | 4 | 6 | 5 | 3 | 8 |
| 3 | 4 | 5 | 9 | 7 | 8 | 2 | 1 | 6 |
| 8 | 2 | 6 | 3 | 1 | 5 | 9 | 7 | 4 |
| 2 | 6 | 4 | 8 | 3 | 1 | 7 | 5 | 9 |
| 7 | 9 | 3 | 5 | 6 | 4 | 1 | 8 | 2 |
| 1 | 5 | 8 | 7 | 9 | 2 | 6 | 4 | 3 |

## #263

| | | | | | | | | |
|---|---|---|---|---|---|---|---|---|
| 3 | 9 | 8 | 6 | 5 | 7 | 1 | 4 | 2 |
| 1 | 2 | 7 | 9 | 8 | 4 | 5 | 3 | 6 |
| 5 | 6 | 4 | 3 | 2 | 1 | 9 | 7 | 8 |
| 4 | 7 | 9 | 2 | 3 | 6 | 8 | 5 | 1 |
| 2 | 5 | 6 | 4 | 1 | 8 | 3 | 9 | 7 |
| 8 | 1 | 3 | 5 | 7 | 9 | 2 | 6 | 4 |
| 6 | 4 | 1 | 8 | 9 | 5 | 7 | 2 | 3 |
| 9 | 8 | 2 | 7 | 4 | 3 | 6 | 1 | 5 |
| 7 | 3 | 5 | 1 | 6 | 2 | 4 | 8 | 9 |

## #264

| | | | | | | | | |
|---|---|---|---|---|---|---|---|---|
| 2 | 8 | 9 | 5 | 3 | 4 | 6 | 1 | 7 |
| 4 | 6 | 7 | 2 | 1 | 8 | 9 | 5 | 3 |
| 3 | 1 | 5 | 7 | 6 | 9 | 8 | 2 | 4 |
| 6 | 7 | 3 | 8 | 5 | 1 | 2 | 4 | 9 |
| 8 | 2 | 4 | 6 | 9 | 7 | 5 | 3 | 1 |
| 9 | 5 | 1 | 3 | 4 | 2 | 7 | 8 | 6 |
| 1 | 3 | 6 | 9 | 2 | 5 | 4 | 7 | 8 |
| 5 | 9 | 8 | 4 | 7 | 3 | 1 | 6 | 2 |
| 7 | 4 | 2 | 1 | 8 | 6 | 3 | 9 | 5 |

## #265

| | | | | | | | | |
|---|---|---|---|---|---|---|---|---|
| 4 | 1 | 5 | 3 | 8 | 2 | 7 | 9 | 6 |
| 3 | 9 | 7 | 5 | 6 | 4 | 1 | 2 | 8 |
| 6 | 2 | 8 | 7 | 9 | 1 | 3 | 4 | 5 |
| 5 | 8 | 9 | 6 | 7 | 3 | 2 | 1 | 4 |
| 2 | 6 | 1 | 9 | 4 | 8 | 5 | 7 | 3 |
| 7 | 3 | 4 | 1 | 2 | 5 | 8 | 6 | 9 |
| 8 | 4 | 3 | 2 | 1 | 9 | 6 | 5 | 7 |
| 9 | 7 | 2 | 8 | 5 | 6 | 4 | 3 | 1 |
| 1 | 5 | 6 | 4 | 3 | 7 | 9 | 8 | 2 |

## #266

| | | | | | | | | |
|---|---|---|---|---|---|---|---|---|
| 7 | 6 | 2 | 3 | 4 | 9 | 1 | 5 | 8 |
| 8 | 4 | 5 | 6 | 7 | 1 | 9 | 3 | 2 |
| 3 | 1 | 9 | 5 | 8 | 2 | 6 | 7 | 4 |
| 5 | 9 | 8 | 4 | 6 | 3 | 2 | 1 | 7 |
| 6 | 7 | 1 | 9 | 2 | 8 | 3 | 4 | 5 |
| 4 | 2 | 3 | 7 | 1 | 5 | 8 | 6 | 9 |
| 1 | 3 | 7 | 8 | 9 | 4 | 5 | 2 | 6 |
| 9 | 5 | 6 | 2 | 3 | 7 | 4 | 8 | 1 |
| 2 | 8 | 4 | 1 | 5 | 6 | 7 | 9 | 3 |

## #267

| | | | | | | | | |
|---|---|---|---|---|---|---|---|---|
| 3 | 8 | 6 | 4 | 9 | 7 | 2 | 5 | 1 |
| 2 | 9 | 1 | 5 | 3 | 8 | 7 | 4 | 6 |
| 5 | 4 | 7 | 1 | 6 | 2 | 8 | 9 | 3 |
| 9 | 6 | 8 | 2 | 7 | 1 | 5 | 3 | 4 |
| 1 | 5 | 3 | 6 | 8 | 4 | 9 | 7 | 2 |
| 4 | 7 | 2 | 9 | 5 | 3 | 6 | 1 | 8 |
| 8 | 3 | 5 | 7 | 1 | 6 | 4 | 2 | 9 |
| 7 | 1 | 4 | 8 | 2 | 9 | 3 | 6 | 5 |
| 6 | 2 | 9 | 3 | 4 | 5 | 1 | 8 | 7 |

## #268

| | | | | | | | | |
|---|---|---|---|---|---|---|---|---|
| 4 | 7 | 6 | 5 | 1 | 9 | 8 | 3 | 2 |
| 9 | 8 | 5 | 4 | 2 | 3 | 6 | 1 | 7 |
| 2 | 1 | 3 | 8 | 6 | 7 | 9 | 5 | 4 |
| 7 | 3 | 9 | 1 | 5 | 6 | 2 | 4 | 8 |
| 5 | 4 | 2 | 7 | 9 | 8 | 3 | 6 | 1 |
| 8 | 6 | 1 | 2 | 3 | 4 | 7 | 9 | 5 |
| 6 | 5 | 7 | 9 | 8 | 1 | 4 | 2 | 3 |
| 1 | 9 | 4 | 3 | 7 | 2 | 5 | 8 | 6 |
| 3 | 2 | 8 | 6 | 4 | 5 | 1 | 7 | 9 |

## #269

| | | | | | | | | |
|---|---|---|---|---|---|---|---|---|
| 1 | 2 | 4 | 7 | 3 | 6 | 5 | 9 | 8 |
| 5 | 9 | 7 | 2 | 1 | 8 | 4 | 6 | 3 |
| 8 | 6 | 3 | 9 | 5 | 4 | 1 | 7 | 2 |
| 6 | 8 | 5 | 3 | 7 | 9 | 2 | 4 | 1 |
| 4 | 3 | 2 | 1 | 6 | 5 | 7 | 8 | 9 |
| 7 | 1 | 9 | 8 | 4 | 2 | 3 | 5 | 6 |
| 3 | 5 | 6 | 4 | 8 | 1 | 9 | 2 | 7 |
| 2 | 4 | 1 | 6 | 9 | 7 | 8 | 3 | 5 |
| 9 | 7 | 8 | 5 | 2 | 3 | 6 | 1 | 4 |

## #270

| | | | | | | | | |
|---|---|---|---|---|---|---|---|---|
| 3 | 9 | 1 | 4 | 7 | 5 | 6 | 8 | 2 |
| 6 | 2 | 7 | 1 | 9 | 8 | 4 | 5 | 3 |
| 5 | 4 | 8 | 6 | 3 | 2 | 1 | 9 | 7 |
| 9 | 5 | 2 | 7 | 6 | 1 | 8 | 3 | 4 |
| 4 | 1 | 6 | 9 | 8 | 3 | 7 | 2 | 5 |
| 7 | 8 | 3 | 5 | 2 | 4 | 9 | 1 | 6 |
| 2 | 7 | 9 | 8 | 5 | 6 | 3 | 4 | 1 |
| 8 | 3 | 4 | 2 | 1 | 7 | 5 | 6 | 9 |
| 1 | 6 | 5 | 3 | 4 | 9 | 2 | 7 | 8 |

## #271

| | | | | | | | | |
|---|---|---|---|---|---|---|---|---|
| 3 | 9 | 7 | 6 | 4 | 2 | 5 | 1 | 8 |
| 8 | 2 | 4 | 9 | 1 | 5 | 7 | 3 | 6 |
| 1 | 5 | 6 | 8 | 3 | 7 | 4 | 9 | 2 |
| 5 | 3 | 9 | 4 | 7 | 6 | 2 | 8 | 1 |
| 2 | 4 | 8 | 5 | 9 | 1 | 3 | 6 | 7 |
| 6 | 7 | 1 | 2 | 8 | 3 | 9 | 5 | 4 |
| 9 | 1 | 2 | 7 | 5 | 8 | 6 | 4 | 3 |
| 4 | 6 | 3 | 1 | 2 | 9 | 8 | 7 | 5 |
| 7 | 8 | 5 | 3 | 6 | 4 | 1 | 2 | 9 |

## #272

| | | | | | | | | |
|---|---|---|---|---|---|---|---|---|
| 2 | 4 | 7 | 3 | 8 | 5 | 9 | 1 | 6 |
| 9 | 3 | 1 | 7 | 6 | 2 | 8 | 5 | 4 |
| 5 | 8 | 6 | 1 | 4 | 9 | 2 | 7 | 3 |
| 3 | 5 | 9 | 2 | 1 | 8 | 6 | 4 | 7 |
| 4 | 6 | 2 | 5 | 7 | 3 | 1 | 9 | 8 |
| 1 | 7 | 8 | 4 | 9 | 6 | 5 | 3 | 2 |
| 6 | 9 | 4 | 8 | 5 | 7 | 3 | 2 | 1 |
| 7 | 2 | 5 | 6 | 3 | 1 | 4 | 8 | 9 |
| 8 | 1 | 3 | 9 | 2 | 4 | 7 | 6 | 5 |

## #273

| | | | | | | | | |
|---|---|---|---|---|---|---|---|---|
| 5 | 4 | 6 | 7 | 2 | 8 | 1 | 3 | 9 |
| 7 | 3 | 9 | 5 | 4 | 1 | 8 | 2 | 6 |
| 2 | 1 | 8 | 3 | 6 | 9 | 5 | 7 | 4 |
| 9 | 2 | 5 | 1 | 7 | 6 | 3 | 4 | 8 |
| 6 | 7 | 4 | 2 | 8 | 3 | 9 | 1 | 5 |
| 3 | 8 | 1 | 9 | 5 | 4 | 7 | 6 | 2 |
| 8 | 5 | 7 | 6 | 1 | 2 | 4 | 9 | 3 |
| 4 | 9 | 2 | 8 | 3 | 7 | 6 | 5 | 1 |
| 1 | 6 | 3 | 4 | 9 | 5 | 2 | 8 | 7 |

## #274

| | | | | | | | | |
|---|---|---|---|---|---|---|---|---|
| 5 | 3 | 1 | 6 | 8 | 2 | 9 | 7 | 4 |
| 6 | 2 | 4 | 7 | 5 | 9 | 1 | 8 | 3 |
| 8 | 7 | 9 | 3 | 4 | 1 | 6 | 2 | 5 |
| 7 | 4 | 3 | 2 | 1 | 8 | 5 | 6 | 9 |
| 9 | 5 | 2 | 4 | 3 | 6 | 7 | 1 | 8 |
| 1 | 6 | 8 | 9 | 7 | 5 | 4 | 3 | 2 |
| 4 | 1 | 6 | 8 | 9 | 3 | 2 | 5 | 7 |
| 2 | 8 | 7 | 5 | 6 | 4 | 3 | 9 | 1 |
| 3 | 9 | 5 | 1 | 2 | 7 | 8 | 4 | 6 |

## #275

| | | | | | | | | |
|---|---|---|---|---|---|---|---|---|
| 4 | 3 | 1 | 5 | 8 | 2 | 9 | 6 | 7 |
| 6 | 2 | 9 | 1 | 7 | 3 | 4 | 5 | 8 |
| 8 | 7 | 5 | 9 | 4 | 6 | 2 | 1 | 3 |
| 7 | 4 | 2 | 3 | 9 | 5 | 6 | 8 | 1 |
| 9 | 8 | 3 | 4 | 6 | 1 | 7 | 2 | 5 |
| 5 | 1 | 6 | 8 | 2 | 7 | 3 | 4 | 9 |
| 2 | 9 | 8 | 7 | 5 | 4 | 1 | 3 | 6 |
| 1 | 5 | 4 | 6 | 3 | 9 | 8 | 7 | 2 |
| 3 | 6 | 7 | 2 | 1 | 8 | 5 | 9 | 4 |

## #276

| | | | | | | | | |
|---|---|---|---|---|---|---|---|---|
| 8 | 4 | 6 | 3 | 2 | 1 | 5 | 7 | 9 |
| 1 | 9 | 7 | 6 | 5 | 8 | 4 | 3 | 2 |
| 3 | 5 | 2 | 9 | 7 | 4 | 6 | 8 | 1 |
| 2 | 6 | 8 | 7 | 4 | 5 | 1 | 9 | 3 |
| 7 | 1 | 4 | 2 | 9 | 3 | 8 | 5 | 6 |
| 9 | 3 | 5 | 1 | 8 | 6 | 7 | 2 | 4 |
| 4 | 7 | 9 | 5 | 6 | 2 | 3 | 1 | 8 |
| 5 | 8 | 1 | 4 | 3 | 9 | 2 | 6 | 7 |
| 6 | 2 | 3 | 8 | 1 | 7 | 9 | 4 | 5 |

## #277

| | | | | | | | | |
|---|---|---|---|---|---|---|---|---|
| 5 | 6 | 4 | 1 | 2 | 9 | 8 | 7 | 3 |
| 8 | 2 | 9 | 7 | 6 | 3 | 5 | 1 | 4 |
| 1 | 3 | 7 | 5 | 4 | 8 | 9 | 6 | 2 |
| 6 | 7 | 8 | 3 | 5 | 1 | 4 | 2 | 9 |
| 3 | 9 | 5 | 4 | 7 | 2 | 6 | 8 | 1 |
| 4 | 1 | 2 | 9 | 8 | 6 | 3 | 5 | 7 |
| 9 | 8 | 1 | 2 | 3 | 5 | 7 | 4 | 6 |
| 2 | 4 | 6 | 8 | 9 | 7 | 1 | 3 | 5 |
| 7 | 5 | 3 | 6 | 1 | 4 | 2 | 9 | 8 |

## #278

| | | | | | | | | |
|---|---|---|---|---|---|---|---|---|
| 5 | 3 | 2 | 4 | 8 | 7 | 1 | 9 | 6 |
| 1 | 7 | 4 | 6 | 2 | 9 | 5 | 8 | 3 |
| 8 | 6 | 9 | 3 | 5 | 1 | 2 | 4 | 7 |
| 7 | 8 | 6 | 1 | 3 | 2 | 4 | 5 | 9 |
| 2 | 1 | 5 | 9 | 6 | 4 | 7 | 3 | 8 |
| 4 | 9 | 3 | 8 | 7 | 5 | 6 | 1 | 2 |
| 9 | 2 | 7 | 5 | 4 | 8 | 3 | 6 | 1 |
| 3 | 4 | 1 | 7 | 9 | 6 | 8 | 2 | 5 |
| 6 | 5 | 8 | 2 | 1 | 3 | 9 | 7 | 4 |

## #279

| | | | | | | | | |
|---|---|---|---|---|---|---|---|---|
| 4 | 6 | 3 | 7 | 2 | 8 | 9 | 1 | 5 |
| 5 | 9 | 1 | 6 | 4 | 3 | 2 | 7 | 8 |
| 2 | 7 | 8 | 9 | 5 | 1 | 4 | 3 | 6 |
| 9 | 2 | 5 | 4 | 6 | 7 | 3 | 8 | 1 |
| 1 | 4 | 7 | 8 | 3 | 9 | 6 | 5 | 2 |
| 8 | 3 | 6 | 5 | 1 | 2 | 7 | 4 | 9 |
| 3 | 8 | 4 | 2 | 9 | 5 | 1 | 6 | 7 |
| 6 | 5 | 9 | 1 | 7 | 4 | 8 | 2 | 3 |
| 7 | 1 | 2 | 3 | 8 | 6 | 5 | 9 | 4 |

## #280

| | | | | | | | | |
|---|---|---|---|---|---|---|---|---|
| 8 | 6 | 9 | 7 | 4 | 2 | 3 | 1 | 5 |
| 4 | 5 | 7 | 1 | 3 | 6 | 8 | 9 | 2 |
| 2 | 3 | 1 | 5 | 8 | 9 | 4 | 6 | 7 |
| 1 | 8 | 6 | 3 | 9 | 5 | 2 | 7 | 4 |
| 3 | 2 | 5 | 4 | 1 | 7 | 9 | 8 | 6 |
| 7 | 9 | 4 | 6 | 2 | 8 | 1 | 5 | 3 |
| 5 | 1 | 2 | 8 | 6 | 3 | 7 | 4 | 9 |
| 6 | 4 | 3 | 9 | 7 | 1 | 5 | 2 | 8 |
| 9 | 7 | 8 | 2 | 5 | 4 | 6 | 3 | 1 |

## #281

| | | | | | | | | |
|---|---|---|---|---|---|---|---|---|
| 8 | 9 | 7 | 3 | 4 | 1 | 5 | 2 | 6 |
| 1 | 6 | 3 | 8 | 2 | 5 | 7 | 4 | 9 |
| 4 | 5 | 2 | 9 | 6 | 7 | 3 | 8 | 1 |
| 3 | 8 | 9 | 2 | 7 | 6 | 4 | 1 | 5 |
| 6 | 4 | 5 | 1 | 9 | 3 | 2 | 7 | 8 |
| 7 | 2 | 1 | 4 | 5 | 8 | 6 | 9 | 3 |
| 5 | 7 | 4 | 6 | 1 | 9 | 8 | 3 | 2 |
| 2 | 1 | 8 | 5 | 3 | 4 | 9 | 6 | 7 |
| 9 | 3 | 6 | 7 | 8 | 2 | 1 | 5 | 4 |

## #282

| | | | | | | | | |
|---|---|---|---|---|---|---|---|---|
| 5 | 6 | 3 | 1 | 2 | 7 | 9 | 8 | 4 |
| 8 | 2 | 1 | 4 | 6 | 9 | 7 | 5 | 3 |
| 7 | 4 | 9 | 5 | 3 | 8 | 6 | 2 | 1 |
| 4 | 3 | 5 | 8 | 1 | 6 | 2 | 7 | 9 |
| 2 | 8 | 7 | 3 | 9 | 4 | 5 | 1 | 6 |
| 9 | 1 | 6 | 2 | 7 | 5 | 3 | 4 | 8 |
| 3 | 9 | 8 | 7 | 4 | 2 | 1 | 6 | 5 |
| 1 | 5 | 2 | 6 | 8 | 3 | 4 | 9 | 7 |
| 6 | 7 | 4 | 9 | 5 | 1 | 8 | 3 | 2 |

## #283

| | | | | | | | | |
|---|---|---|---|---|---|---|---|---|
| 6 | 2 | 9 | 3 | 5 | 1 | 7 | 4 | 8 |
| 7 | 3 | 8 | 9 | 2 | 4 | 6 | 1 | 5 |
| 1 | 4 | 5 | 7 | 6 | 8 | 9 | 3 | 2 |
| 9 | 1 | 4 | 8 | 3 | 5 | 2 | 7 | 6 |
| 2 | 8 | 3 | 4 | 7 | 6 | 5 | 9 | 1 |
| 5 | 6 | 7 | 1 | 9 | 2 | 3 | 8 | 4 |
| 3 | 5 | 1 | 2 | 4 | 7 | 8 | 6 | 9 |
| 8 | 9 | 2 | 6 | 1 | 3 | 4 | 5 | 7 |
| 4 | 7 | 6 | 5 | 8 | 9 | 1 | 2 | 3 |

## #284

| | | | | | | | | |
|---|---|---|---|---|---|---|---|---|
| 4 | 6 | 1 | 2 | 9 | 8 | 5 | 7 | 3 |
| 8 | 3 | 7 | 6 | 5 | 4 | 9 | 2 | 1 |
| 5 | 2 | 9 | 7 | 1 | 3 | 4 | 6 | 8 |
| 7 | 5 | 4 | 8 | 6 | 1 | 3 | 9 | 2 |
| 9 | 8 | 6 | 3 | 7 | 2 | 1 | 5 | 4 |
| 3 | 1 | 2 | 5 | 4 | 9 | 7 | 8 | 6 |
| 6 | 9 | 3 | 1 | 2 | 7 | 8 | 4 | 5 |
| 1 | 7 | 5 | 4 | 8 | 6 | 2 | 3 | 9 |
| 2 | 4 | 8 | 9 | 3 | 5 | 6 | 1 | 7 |

## #285

| | | | | | | | | |
|---|---|---|---|---|---|---|---|---|
| 5 | 6 | 1 | 8 | 9 | 7 | 4 | 2 | 3 |
| 8 | 9 | 4 | 3 | 5 | 2 | 1 | 7 | 6 |
| 3 | 2 | 7 | 4 | 1 | 6 | 9 | 8 | 5 |
| 7 | 4 | 9 | 1 | 6 | 8 | 5 | 3 | 2 |
| 6 | 1 | 5 | 7 | 2 | 3 | 8 | 9 | 4 |
| 2 | 3 | 8 | 9 | 4 | 5 | 6 | 1 | 7 |
| 1 | 7 | 6 | 2 | 8 | 4 | 3 | 5 | 9 |
| 9 | 5 | 2 | 6 | 3 | 1 | 7 | 4 | 8 |
| 4 | 8 | 3 | 5 | 7 | 9 | 2 | 6 | 1 |

## #286

| | | | | | | | | |
|---|---|---|---|---|---|---|---|---|
| 6 | 4 | 7 | 1 | 3 | 8 | 5 | 2 | 9 |
| 2 | 9 | 5 | 6 | 4 | 7 | 8 | 3 | 1 |
| 3 | 1 | 8 | 9 | 5 | 2 | 4 | 7 | 6 |
| 1 | 2 | 9 | 8 | 7 | 3 | 6 | 4 | 5 |
| 4 | 8 | 3 | 2 | 6 | 5 | 1 | 9 | 7 |
| 5 | 7 | 6 | 4 | 1 | 9 | 2 | 8 | 3 |
| 8 | 3 | 4 | 5 | 9 | 6 | 7 | 1 | 2 |
| 9 | 5 | 2 | 7 | 8 | 1 | 3 | 6 | 4 |
| 7 | 6 | 1 | 3 | 2 | 4 | 9 | 5 | 8 |

## #287

| | | | | | | | | |
|---|---|---|---|---|---|---|---|---|
| 4 | 3 | 2 | 6 | 1 | 9 | 5 | 8 | 7 |
| 9 | 6 | 7 | 4 | 8 | 5 | 2 | 3 | 1 |
| 1 | 8 | 5 | 3 | 2 | 7 | 4 | 6 | 9 |
| 5 | 2 | 9 | 1 | 6 | 4 | 8 | 7 | 3 |
| 7 | 4 | 6 | 9 | 3 | 8 | 1 | 2 | 5 |
| 8 | 1 | 3 | 5 | 7 | 2 | 9 | 4 | 6 |
| 3 | 9 | 4 | 8 | 5 | 6 | 7 | 1 | 2 |
| 2 | 5 | 1 | 7 | 4 | 3 | 6 | 9 | 8 |
| 6 | 7 | 8 | 2 | 9 | 1 | 3 | 5 | 4 |

## #288

| | | | | | | | | |
|---|---|---|---|---|---|---|---|---|
| 7 | 2 | 1 | 4 | 6 | 5 | 3 | 9 | 8 |
| 8 | 6 | 5 | 1 | 9 | 3 | 7 | 2 | 4 |
| 3 | 9 | 4 | 2 | 8 | 7 | 6 | 1 | 5 |
| 1 | 5 | 8 | 3 | 2 | 4 | 9 | 7 | 6 |
| 2 | 7 | 3 | 9 | 5 | 6 | 4 | 8 | 1 |
| 6 | 4 | 9 | 8 | 7 | 1 | 2 | 5 | 3 |
| 4 | 3 | 2 | 5 | 1 | 9 | 8 | 6 | 7 |
| 9 | 1 | 6 | 7 | 4 | 8 | 5 | 3 | 2 |
| 5 | 8 | 7 | 6 | 3 | 2 | 1 | 4 | 9 |

## #289

| | | | | | | | | |
|---|---|---|---|---|---|---|---|---|
| 8 | 9 | 5 | 6 | 3 | 4 | 1 | 7 | 2 |
| 6 | 7 | 2 | 8 | 1 | 5 | 3 | 4 | 9 |
| 3 | 1 | 4 | 9 | 7 | 2 | 5 | 6 | 8 |
| 1 | 8 | 6 | 2 | 5 | 9 | 4 | 3 | 7 |
| 5 | 2 | 7 | 3 | 4 | 6 | 9 | 8 | 1 |
| 9 | 4 | 3 | 1 | 8 | 7 | 6 | 2 | 5 |
| 2 | 5 | 8 | 4 | 6 | 1 | 7 | 9 | 3 |
| 7 | 6 | 9 | 5 | 2 | 3 | 8 | 1 | 4 |
| 4 | 3 | 1 | 7 | 9 | 8 | 2 | 5 | 6 |

## #290

| | | | | | | | | |
|---|---|---|---|---|---|---|---|---|
| 4 | 8 | 6 | 9 | 7 | 1 | 5 | 2 | 3 |
| 2 | 1 | 9 | 6 | 3 | 5 | 4 | 7 | 8 |
| 3 | 5 | 7 | 2 | 4 | 8 | 1 | 6 | 9 |
| 7 | 3 | 4 | 1 | 6 | 9 | 2 | 8 | 5 |
| 5 | 6 | 1 | 4 | 8 | 2 | 9 | 3 | 7 |
| 8 | 9 | 2 | 7 | 5 | 3 | 6 | 1 | 4 |
| 9 | 2 | 5 | 3 | 1 | 7 | 8 | 4 | 6 |
| 1 | 4 | 3 | 8 | 9 | 6 | 7 | 5 | 2 |
| 6 | 7 | 8 | 5 | 2 | 4 | 3 | 9 | 1 |

## #291

| | | | | | | | | |
|---|---|---|---|---|---|---|---|---|
| 5 | 1 | 3 | 8 | 9 | 2 | 7 | 6 | 4 |
| 2 | 7 | 8 | 1 | 4 | 6 | 9 | 3 | 5 |
| 9 | 6 | 4 | 5 | 3 | 7 | 8 | 1 | 2 |
| 8 | 2 | 6 | 9 | 1 | 5 | 3 | 4 | 7 |
| 3 | 5 | 9 | 2 | 7 | 4 | 1 | 8 | 6 |
| 1 | 4 | 7 | 6 | 8 | 3 | 5 | 2 | 9 |
| 4 | 8 | 5 | 3 | 6 | 9 | 2 | 7 | 1 |
| 6 | 9 | 1 | 7 | 2 | 8 | 4 | 5 | 3 |
| 7 | 3 | 2 | 4 | 5 | 1 | 6 | 9 | 8 |

## #292

| | | | | | | | | |
|---|---|---|---|---|---|---|---|---|
| 4 | 7 | 2 | 8 | 9 | 3 | 5 | 1 | 6 |
| 6 | 9 | 5 | 1 | 2 | 4 | 7 | 8 | 3 |
| 3 | 8 | 1 | 5 | 6 | 7 | 9 | 4 | 2 |
| 5 | 4 | 3 | 2 | 1 | 9 | 6 | 7 | 8 |
| 7 | 2 | 6 | 4 | 8 | 5 | 1 | 3 | 9 |
| 9 | 1 | 8 | 7 | 3 | 6 | 2 | 5 | 4 |
| 8 | 6 | 7 | 9 | 4 | 1 | 3 | 2 | 5 |
| 2 | 5 | 9 | 3 | 7 | 8 | 4 | 6 | 1 |
| 1 | 3 | 4 | 6 | 5 | 2 | 8 | 9 | 7 |

## #293

| | | | | | | | | |
|---|---|---|---|---|---|---|---|---|
| 6 | 7 | 2 | 1 | 5 | 4 | 8 | 3 | 9 |
| 4 | 9 | 1 | 8 | 7 | 3 | 6 | 2 | 5 |
| 8 | 3 | 5 | 6 | 2 | 9 | 4 | 1 | 7 |
| 3 | 4 | 9 | 7 | 1 | 2 | 5 | 6 | 8 |
| 2 | 6 | 7 | 5 | 3 | 8 | 1 | 9 | 4 |
| 1 | 5 | 8 | 9 | 4 | 6 | 2 | 7 | 3 |
| 7 | 8 | 6 | 2 | 9 | 5 | 3 | 4 | 1 |
| 5 | 1 | 3 | 4 | 6 | 7 | 9 | 8 | 2 |
| 9 | 2 | 4 | 3 | 8 | 1 | 7 | 5 | 6 |

## #294

| | | | | | | | | |
|---|---|---|---|---|---|---|---|---|
| 3 | 5 | 9 | 6 | 1 | 7 | 2 | 4 | 8 |
| 6 | 2 | 1 | 3 | 8 | 4 | 9 | 7 | 5 |
| 7 | 8 | 4 | 5 | 9 | 2 | 1 | 6 | 3 |
| 5 | 3 | 7 | 4 | 2 | 6 | 8 | 9 | 1 |
| 2 | 4 | 8 | 1 | 7 | 9 | 5 | 3 | 6 |
| 1 | 9 | 6 | 8 | 5 | 3 | 4 | 2 | 7 |
| 9 | 1 | 2 | 7 | 3 | 5 | 6 | 8 | 4 |
| 8 | 6 | 3 | 9 | 4 | 1 | 7 | 5 | 2 |
| 4 | 7 | 5 | 2 | 6 | 8 | 3 | 1 | 9 |

## #295

| | | | | | | | | |
|---|---|---|---|---|---|---|---|---|
| 8 | 2 | 1 | 3 | 4 | 6 | 5 | 7 | 9 |
| 3 | 5 | 7 | 9 | 1 | 2 | 4 | 8 | 6 |
| 6 | 4 | 9 | 8 | 5 | 7 | 3 | 1 | 2 |
| 9 | 1 | 3 | 2 | 6 | 8 | 7 | 4 | 5 |
| 7 | 6 | 4 | 1 | 9 | 5 | 8 | 2 | 3 |
| 5 | 8 | 2 | 4 | 7 | 3 | 9 | 6 | 1 |
| 4 | 7 | 6 | 5 | 2 | 9 | 1 | 3 | 8 |
| 1 | 9 | 8 | 6 | 3 | 4 | 2 | 5 | 7 |
| 2 | 3 | 5 | 7 | 8 | 1 | 6 | 9 | 4 |

## #296

| | | | | | | | | |
|---|---|---|---|---|---|---|---|---|
| 7 | 8 | 6 | 9 | 3 | 5 | 2 | 4 | 1 |
| 9 | 2 | 1 | 7 | 4 | 6 | 8 | 3 | 5 |
| 3 | 4 | 5 | 8 | 1 | 2 | 7 | 9 | 6 |
| 5 | 3 | 2 | 6 | 8 | 1 | 9 | 7 | 4 |
| 8 | 6 | 4 | 2 | 7 | 9 | 1 | 5 | 3 |
| 1 | 9 | 7 | 4 | 5 | 3 | 6 | 2 | 8 |
| 2 | 1 | 8 | 5 | 9 | 4 | 3 | 6 | 7 |
| 6 | 5 | 3 | 1 | 2 | 7 | 4 | 8 | 9 |
| 4 | 7 | 9 | 3 | 6 | 8 | 5 | 1 | 2 |

## #297

| | | | | | | | | |
|---|---|---|---|---|---|---|---|---|
| 2 | 3 | 6 | 1 | 9 | 8 | 7 | 5 | 4 |
| 5 | 9 | 8 | 7 | 4 | 6 | 2 | 3 | 1 |
| 4 | 7 | 1 | 3 | 2 | 5 | 8 | 6 | 9 |
| 6 | 4 | 7 | 8 | 5 | 1 | 9 | 2 | 3 |
| 1 | 5 | 9 | 2 | 3 | 7 | 4 | 8 | 6 |
| 3 | 8 | 2 | 4 | 6 | 9 | 5 | 1 | 7 |
| 7 | 1 | 3 | 5 | 8 | 4 | 6 | 9 | 2 |
| 8 | 6 | 4 | 9 | 1 | 2 | 3 | 7 | 5 |
| 9 | 2 | 5 | 6 | 7 | 3 | 1 | 4 | 8 |

## #298

| | | | | | | | | |
|---|---|---|---|---|---|---|---|---|
| 1 | 6 | 5 | 3 | 8 | 7 | 2 | 9 | 4 |
| 7 | 9 | 8 | 2 | 4 | 5 | 3 | 1 | 6 |
| 2 | 3 | 4 | 1 | 6 | 9 | 7 | 8 | 5 |
| 3 | 1 | 9 | 5 | 2 | 8 | 4 | 6 | 7 |
| 5 | 2 | 6 | 4 | 7 | 1 | 9 | 3 | 8 |
| 8 | 4 | 7 | 9 | 3 | 6 | 5 | 2 | 1 |
| 9 | 5 | 3 | 6 | 1 | 4 | 8 | 7 | 2 |
| 4 | 7 | 1 | 8 | 9 | 2 | 6 | 5 | 3 |
| 6 | 8 | 2 | 7 | 5 | 3 | 1 | 4 | 9 |

## #299

| | | | | | | | | |
|---|---|---|---|---|---|---|---|---|
| 7 | 4 | 5 | 2 | 1 | 3 | 6 | 9 | 8 |
| 1 | 8 | 3 | 4 | 9 | 6 | 7 | 5 | 2 |
| 9 | 6 | 2 | 5 | 7 | 8 | 1 | 3 | 4 |
| 5 | 1 | 9 | 3 | 8 | 4 | 2 | 7 | 6 |
| 2 | 3 | 6 | 1 | 5 | 7 | 4 | 8 | 9 |
| 8 | 7 | 4 | 9 | 6 | 2 | 3 | 1 | 5 |
| 4 | 9 | 8 | 7 | 2 | 1 | 5 | 6 | 3 |
| 3 | 5 | 1 | 6 | 4 | 9 | 8 | 2 | 7 |
| 6 | 2 | 7 | 8 | 3 | 5 | 9 | 4 | 1 |

## #300

| | | | | | | | | |
|---|---|---|---|---|---|---|---|---|
| 4 | 7 | 6 | 5 | 8 | 3 | 1 | 2 | 9 |
| 2 | 8 | 1 | 9 | 6 | 7 | 3 | 4 | 5 |
| 9 | 5 | 3 | 2 | 4 | 1 | 7 | 6 | 8 |
| 6 | 3 | 2 | 8 | 7 | 5 | 9 | 1 | 4 |
| 5 | 9 | 4 | 1 | 3 | 6 | 2 | 8 | 7 |
| 8 | 1 | 7 | 4 | 2 | 9 | 6 | 5 | 3 |
| 7 | 4 | 5 | 3 | 1 | 2 | 8 | 9 | 6 |
| 3 | 2 | 9 | 6 | 5 | 8 | 4 | 7 | 1 |
| 1 | 6 | 8 | 7 | 9 | 4 | 5 | 3 | 2 |